在北大红楼听讲座

第一辑

中国共产党早期北京革命活动纪念馆 ◇ 编

北京出版集团
北京出版社

图书在版编目（CIP）数据

在北大红楼听讲座. 第一辑 / 中国共产党早期北京革命活动纪念馆编. -- 北京：北京出版社，2024.6.
ISBN 978-7-200-18399-3

Ⅰ. D235.1

中国国家版本馆CIP数据核字第2024E21P31号

责任编辑：高　琪
责任印制：燕雨萌
责任营销：王绍君
装帧设计：风尚传媒

在北大红楼听讲座　第一辑
ZAI BEIDA HONGLOU TING JIANGZUO DI-YI JI
中国共产党早期北京革命活动纪念馆　编

*

北 京 出 版 集 团
北 京 出 版 社　出版
（北京北三环中路6号）
邮政编码：100120

网　　址：www.bph.com.cn
北京伦洋图书出版有限公司发行
北京汇瑞嘉合文化发展有限公司印刷

*

710毫米×1000毫米　16开本　10.5印张　127千字
2024年6月第1版　2024年6月第1次印刷
ISBN 978-7-200-18399-3
定价：68.00元
如有印装质量问题，由本社负责调换
质量监督电话：010-58572393

编委会

策　　划：杨家毅
主　　编：安竹君
副 主 编：汤皓晨　彭诗雨
编　　委：(按姓氏笔画排序)
　　　　　王　威　邓博涵　石慕璇　吕　莎　孙　颖
　　　　　宋洁涵　张卓然　赵　飞　赵玥欣　索南卓玛
　　　　　彭淼淼　程　皓

编者说明

2021年6月25日，习近平总书记带领十九届中央政治局同志开展第三十一次集体学习，在北大红楼参观"光辉伟业　红色序章——北大红楼与中国共产党早期北京革命活动主题展"时指出，北大红楼同建党紧密相关，这里是新文化运动的中心和五四运动的策源地，最早在我国传播马克思主义思想，也是我们党在北京早期革命活动的历史见证地，在建党过程中具有重要地位。

为保护好、利用好红色资源，在中央有关单位的指导支持下，北京市规划实施了北大红楼与中国共产党早期北京革命活动旧址保护传承利用工作，成立专门的领导小组，对全市反映中国共产党早期北京革命活动的旧址进行系统梳理，对31处旧址进行分类保护提升，推动建党主题片区建设。

中国共产党早期北京革命活动纪念馆成立后，秉持"学术立馆、社教兴馆"的工作思路，深入挖掘北大红楼的红色文化资源，与北京广播电视台策划推出专栏节目《北大红楼读书会》，邀请党史、文学、史学、科学等各领域权威专家登上北大红楼大教室讲台，立足于深化学术成果转化，讲好红色故事，打造弘扬伟大建党精神的实景课堂。节目于2022年首播，至今已连续推出近30期，全网累计浏览量超8000万人次，受到社会各界广泛关注。

位于北大红楼二层西侧的大教室，承载了厚重的历史文化和鲜明的红色记忆，李大钊曾在此讲授"唯物史观研究"课程，青年毛泽东曾在此旁听学习，鲁迅曾在此解析《中国小说史略》。百余年前，这里汇聚了那个年代最为闪耀的思想巨擘、文学大家和伟大革命者，一大批进步青年正是从这里，踏上了追求真理、坚持革命，为中国人民谋幸福、为中华民族谋复兴的奋斗之路。

而今，为更好地弘扬伟大建党精神、传播红色文化，一批知名学者和权威专家与青年朋友相聚北大红楼大教室，走近历史现场，重温李大钊、陈独秀、毛泽东等革命先驱的经典名篇，从中国共产党早期革命活动的光辉历程中，汲取奋进力量，谱写新时代的青春之歌。

为惠及更广大公众，纪念馆经授权整理部分专家讲稿编辑成书，推出《在北大红楼听讲座》系列图书，配以史料图片和音频二维码，为读者深入了解建党早期历史、感受革命先驱的光辉思想提供更加便利的阅读体验。

第一辑围绕李大钊《青春》、陈独秀《敬告青年》、毛泽东《体育之研究》、蔡元培《就任北京大学校长之演说》等名篇，精选陈平原、王炳林、何杰、韩永进、侯琨、孙郁、何建明、王学东、王巍等专家学者的讲稿编辑而成，在此由衷感谢各位专家学者的精彩授课和辛勤付出。感谢谢荫明、刘岳、陈翔三位专家在成书过程中给予的专业指导，感谢北京广播电视台提供的音频技术支持。

在整理和编辑过程中，我们力求还原嘉宾风采和讲座现场感，文章部分保留了口语化表述。囿于时间仓促、水平有限，难免有疏漏之处，敬请读者批评指正！

中国共产党早期北京革命活动纪念馆
2024 年 6 月

〇六八 毛泽东《体育之研究》解读

一〇四 红楼内外的邓中夏

一二八 重温《共产党宣言》

〇八四 鲁迅，与我们息息相关的风景
——解读鲁迅在北大红楼

一三六 基于李大钊《史观》解读
「探源工程二十载，实证文明五千年」

目录

〇二〇 从《敬告青年》到伟大建党精神
——陈独秀《敬告青年》解读

〇三六 李大钊《青春》解读

〇五〇 铁肩担道义 妙手著文章
——李大钊的"三不朽"

〇〇二 何为大学 大学何为
——蔡元培《就任北京大学校长之演说》解读

何为大学　大学何为

——蔡元培《就任北京大学校长之演说》解读

[背景]

　　1917年1月，蔡元培就任北京大学校长时发表了怎样一篇演说？面对青年学子，他在演说中提出了哪三点要求？就任校长期间，蔡元培如何通过革新北大做到兼容并包，选用人才不拘一格？

　　辛亥革命推翻清朝统治后，京师大学堂于1912年5月改名为北京大学。名字虽然改了，可当时的北大充斥着封建思想、官僚习气，很多学生来上学只为了升官发财，对研究学问没兴趣。1916年底，正在法国游学的蔡元培接到教育部的电报，请他回国就任北京大学校长。按照蔡元培自己的话说，多数友人劝告"不可就职"。因为他们担心蔡元培整顿不了北大，反倒把自己的好名声毁了。经过一番思考后，蔡元培最终决定接受任命，出任北大校长。

　　《就任北京大学校长之演说》就是蔡元培在1917年就任北大校长之时发表的。这篇中国现代教育史、学术史上的经典文章写了什么内容？蔡元培就任校长期间，如何革新北大，接纳了一批具有新文化、新思想的代表性人物？

蔡元培办公室场景复原

讲座时间：2023 年 1 月

主 讲 人：陈平原（北京大学博雅讲席教授、中央文史研究馆馆员、北大现代中国人文研究所所长）

扫描下方二维码
收听讲座音频

  各位同学，今天在这间百年前北大学子上课的大教室，我们一起谈一谈"大学"以及北京大学的历史和中国现代大学的历史。"上大学"和"读大学"是不一样的，"上大学"是在大学校园里面读书考试，嬉戏，做论文，拿学位。"读大学"，是把大学视为一种教育形式、一种社会组织，甚至一种文化精神来阅读、思考、品味。换句话来说，我们在大学里面念书，除了接受专业知识以外，很大程度上必须把大学当作一种特殊的文化形式来反省和思考。

今天的主题是"何为大学 大学何为"。在我看来，在中国教育史上，北京大学是一个极为重要的案例，而北大校长蔡元培又是其中的关键。谈及整个现代中国的教育史或者是北京大学在中国历史上的作用，蔡元培校长以及他就任北京大学校长的第一次演讲可能是关键，所以我今天选择他就任北京大学校长的演说，作为主要讨论的对象。

1919年8月，蔡先生写了一个自传，其中提到：乃于第一日对学生演说，即揭破"大学学生，当以研究学术为天职，不当以大学为升官发财之阶梯"云云。这里的"第一日"，不是说到北京大学的第一天，而是说第一天上课，第一天演讲。这是蔡先生第一天的演讲，这一讲其实不在红楼。红楼始建于1916年，落成是1918年。蔡先生演讲的时候，北大红楼还没有真正建成，但日后很多著名的学者都是在这个楼讲课，或者说就在这个教室里面。

1917年1月9日，蔡先生第一次在北京大学全校师生面前演说，阐发了他的治学理念。开篇是："五年前，严几道先生为本校校长时，余方服务教育部，开学日曾有所贡献于同校。诸君多自预科毕业而来，想必闻知。"下面我与大家分享三件事。

严几道就是严复。1912年严复出任京师大学堂总监督，因为这个学校1912年改名了，所以他就变成了北京大学的首任校长。这是北大学生特别喜欢说的佳话，有象征意义，但实际的内涵不明确。2月任命，10月辞职，严复在北京大学校长任上二百多天，忙于筹款，维持学校的生计，拒绝解散北京大学，基本上没有时间和精力来发挥他的满腹经纶。这么说有点残忍，1898年京师大学堂成立的时候，很多人就认为应该请严复当总教习，当时清政府没有同意。严复和北大缘分很深，但是可惜的是"迟到"且"早退"，这对北大是个损失，也是整个教育体制和社会机制的问题。

为什么严复会"早退"，上任半年多不干了？原因是当初政府下达了取消兼差以肃官纪的通令。这道令其实是蔡元培签的，教育部要求所有大学里面的校长、院长们只能专任，不能兼差。理由是，兼差是旧制度的恶习，很多人在外面工作，在学校又领一份薪水，对教学很不负责任。校长和各个部的学长们讨论的时候，"各学长皆以愿辞学校职务为请"，就是大家都不干了。为什么？因为单靠北大薪水活不下去。问题的复杂在于，迫使严复辞职的教育部通令是合法的、合理的，而且合情，大学教授、大学校长应该全力以赴地做自己的工作。可是这个很好的制度设计没有相关的设施作为配套，单凭北大的薪水，校长也好，学长也好，都很难维持生活，所以大家只能辞职。这是严复上任半年多就辞职的原因。

蔡先生说当年北大开学，他来做演讲，其实时间是1912年5月15日，当初他还是教育总长。北大开学他来演讲，第一句话是"大学为研究高尚学问之地"。这句话其实和1917年出任北大校长时说的话是相呼应的。不仅是当初在北大的开学典礼上的演说，而且他就任教育总长时发布的通令也是"大学以教授高深学术、养成硕学闳材、应国家需要为宗旨"。这些话其实背后针对的都是科举时代读书做官的陋习，蔡先生用正面立论的办法来讨论。正因为有前面的一再的预演，当1917年蔡先生出任北大校长的时候，才会水到渠成。

接下来蔡先生说他出任北大校长，有三件事要告诉大家：一曰抱定宗旨，二曰砥砺德行，三曰敬爱师友。这也就是今天演讲的主旨。

第一，抱定宗旨。今天在各个专门学校里面读书的人，将来毕业一定会就业，但大学不一定，大学专门研究高深学问，很多人却

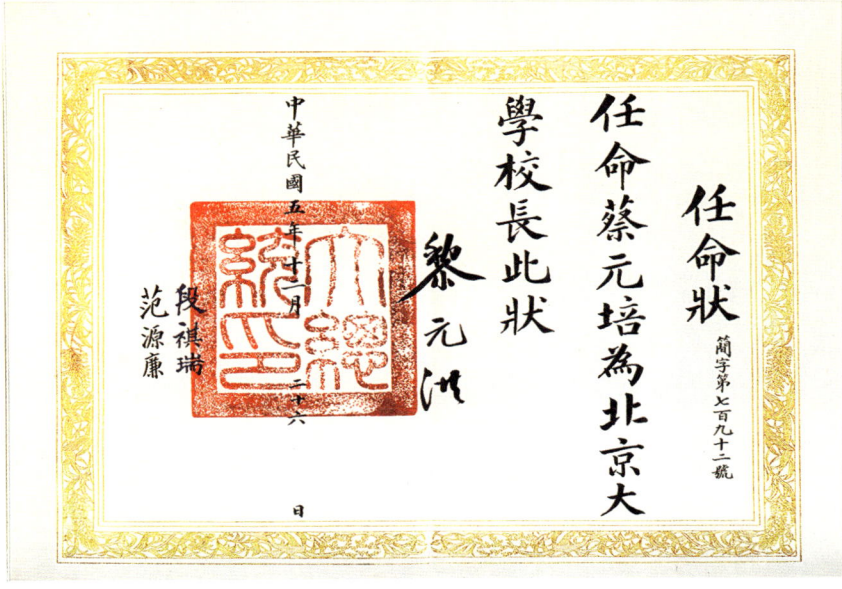

蔡元培出任北京大学校长的任命状

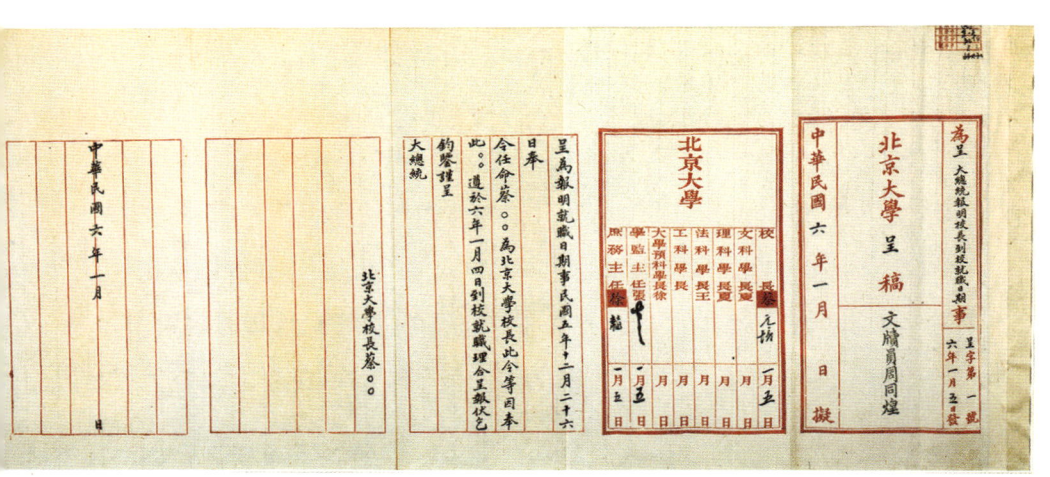

北京大学呈报大总统报明校长到校就职日期事的函

是为了升官发财而来读书，因此愿意进入法科的多，愿意进入文科的少，理科的更少。因为法科容易走终南捷径，将来好当官。以当官作为读大学的志趣是蔡元培最想破坏的陋习。蔡元培之所以开学第一天特意强调大学是研究高深学问的地方，除了反对读书就为升官发财这个传统陋习以外，其实还有背后的教育理念，就是区分综合大学和专门学校，而在这背后的是学和术的分衍。

蔡先生在《中国伦理学史》里面再三强调，主理论者称为学，主实践者称为术。学和术的分开是蔡先生留学德国时打下的最深的精神烙印。

他作为北大校长讨论大学改制的问题，说到大学应该设立多少科，关键是设文理两科，文理属于学理，其他各科都是属于实用的。甚至1919年9月的时候，蔡先生在北大开学典礼里面说到一点，北大办学经费不足，如果实在不行的话，北大愿意停办工科，工科让给北洋大学，就是今天的天津大学，我们就办文和理。

为什么不能停办理，可以停办工？在他看来文和理这两个是大学的根基，其他的法科、医科、农科、工科是应用性的，所以有很好，没有那也无所谓。某种意义上，这里说的是综合大学和专门学校的差异，这个决策，蔡先生一直没有改变，到20世纪30年代他在写《我在北京大学经历》的时候就说到这一点，专办文理二科，其他科可以由专科的高等学校来办，比如德国、法国就是这样，其实严格意义上是德国，这个制度本身与蔡先生在留德时接受的训练有关。

1919年5月4日，北京天安门前集会游行，当年《晨报》登出来的这些学校参加的学生可以反映出北京大学和北京市其他大学的情况。北京大学之外，有北京高等师范学校，法政、工业、农业、医学乃至铁路、警官、税务等，前面这些是公办的，后面这些虽然可以叫大学，但都是私立大学。所以国家真正意义上的大学，当年只有北京大学和东南大学。关于这段历史，在我和夏晓虹主编的《触摸历史——五四人物与现代中国》这本书里面有详细的论述。

蔡先生在《就任北京大学校长之演说》里面特别强调，入法科者，不见得是为了当官；入商科者，不见得是为了发财，这才能够读好书。如果不是的话，学生们不爱惜光阴，放荡冶游，那么将来只拿到一个文凭，对不起大学这个设计。当年之所以搞革命，就是因为清廷官吏腐败，而今天我们大学的学生毕业以后，他们如果没有很好的道德修养，对不起革命的理想。

刚才所说的腐败问题，当年政府任命严复为北大的校长，他说两年后辞职，结果当年就辞职了。下一任是马相伯，以后何燏时，再以后胡仁源，四年换了四个校长。

等到1916年冬天，蔡元培在法国接到了教育部令，要他回来当北大校长。很多人劝他。因为蔡先生名声很好，既是前清翰林又是革命先驱，然后又当过教育总长，回过头来接任北大一个校长，当时北大名声又那么不好，会拖累他，所以好多人建议他不要去。但蔡先生最后还是来了，为什么来？他说了自己的理由。

关于道德问题，如北大跟八大胡同这些是传说，不能说那个时候的老师学生都是这个样子。当时北大更严重的问题是财政问题，或者说办学经费。20世纪初或者说辛亥革命后，北京大学沦落到什么程度？我举个例子。当年的文科学长姚永概在日记里面（1913年10月18日）讲：文科生只有十人，其中有两个人想改学政法，剩下的八个人里面还有一个是日本学生，真正的全职老师只有两个，我也不想干了，我准备走了……这里的文科生只有十名，是指1913年新入学的学生，因为1913年5月公布的毕业名单里面历史还有三十名，文学还有三十四名。我们今天查北大档案就发现一个问题，1913 年招收的学生，这里说十个人，两个还想转系，其中还有一个留学生，可我找不到 1913 年入学的学生的名单。北大中文系系友录里面，从 1910 级（1913 年毕业）一跳就是 1914 级，所以我们找不到 1913 年有谁入读北大中文系。这么困难的状态下，学校坚持下来不容易，所以强调要跟这些不好的风气斗争。

第二，砥砺德行。这个要求既是面对学生的，也是面对老师的。大学不为流俗所染，作为学生要肩负重任，必须以正当之娱乐，用来改变不好的名声。而这里所说的这几个话题，谈到的是北大校风的改变。

从 1919 年北大学生编印《蔡孑民先生言行录》，一直到以后每次回忆他到北大主政的时候，蔡先生都会经常谈一个话题：大学生研究高等学问，不能以升官发财作为目标，更重要的是要提高自己的道德修养。像在老师中推行进德会，在学生中组成体育会、音乐会、画法研究会、书法研究会等，还有消费公社、学生银行，还有平民讲演团，等等。

几年前我写过文章说，什么人说什么话，什么时候说什么话，说合适的话，这是演说的精髓。校长、教授、学生，字词不一样，很多人要求你站在领导的角度那是不对的，领导的话跟我的话不一样，小学生、大学生、大学教授，每个人说话的风格是不一样的，具体说到场合，平时的聊天、学术研讨会上的发言，以及典礼的致辞是不一样的。之所以强调典礼致辞，典雅庄严得体，立意深厚，特别以我刚才所说的《就任北京大学校长之演说》，这篇文章一百多年后我们还记得。

为什么这么说呢？十年前在大学刮起一股风，很多大学校长喜欢把时尚的话题以及网络语言带到校长演说、毕业典礼上面，而且

1917年4月15日,《东方杂志》第十四卷第四号上刊载《大学校长蔡子民就职之演说》

校长装嫩，学生鼓掌。一些大学毕业典礼往综艺节目方向走，我对此表示反对，然后写了毕业典礼该如何致辞，对这个风气的扭转发挥了作用。其中我提到有几篇演说，我特别欣赏，觉得应该推荐给大家，其中最关键的就是今天我介绍的这篇《就任北京大学校长之演说》。这里包含了蔡先生的教育宗旨、政治立场、文体特征，当然很重要的还有演说的经验。因为是一场演说，我从演说这个角度进行讨论。

蔡先生是近代中国最早意识到演说的重要性，而且着力培养学生演说能力的人。1901年4月19日的《在杭州方言学社开学日演说词》，是我们目前能够找到的、见到的蔡先生最早的演说。也就在这一年，他出任了南洋公学特班总教习。南洋公学是今天的上海交通大学前身。他出任特班总教习的时候做了一件事情，1940年他去世，他的学生黄炎培写文章纪念他的时候专门说到这一点：蔡先生告诉大家，今后读书人领导社会，开发群众，必须长于言语，因此专门设立演说辩论小组，蔡先生亲自指导，以日文演说学著作让他们参考。蔡先生告诉他们，方言流传不广，所以要学普通话，学国语，念演说，日后才可能驰骋天下，领导社会。这是1901年时蔡元培的思路。十年后他出任中华民国首任教育总长，第一件事情就是要求各省开展社会教育，尤其注重宣讲；同时在北京开展了暑期讲演会，他亲自讲第一讲。

我特别注意到一个有趣的故事，1916年底，他奉命回国出任北大校长时，不到一个月，一路上从上海到浙江杭州、绍兴，一直到北京，讲了七场大型演说，少的几百人，多的五千人。日后蔡先生更是不断地在各种场合里面说，这里牵涉他的社会地位、学问、兴趣及人情关系。大家都认为蔡先生温柔敦厚，所以请他，他经常会同意。当了部长、校长以后，没有大块时间来做专业研究，就用演说来表达自己的政治理念和学术思考。

说到演说，其实是近代中国最重要的改革力量之一。读现代史、现代文学的人都会记得，1902年的《新中国未来记》中，梁启超曾畅想维新五十周年大庆典，那个时候全国各地"处处有演说坛，日日开讲论会"，来的都是各国名家，听众都是大学生。这个想象把演说和学堂联系起来，把演说和维新大业结合在一起。想象中，所谓文明国家的标志就是演说，而这个思路其实是晚清，尤其是蔡元培、梁启超这一代读书人共同的主张。这个话题我曾经在《有声的中国——"演说"与近现代中国文章变革》《现代中国的演说及演说学》等一系列文章和专题演讲里面讨论到了，这里就不多说。

但有一点，谈蔡先生，他的演说能力、自觉意识，以及他的学养，与当今我们想象中的大学校长的总结报告不一样，蔡先生会花那么多时间来关心、支持、支撑学生社团。一个大学校长用的最大的心思竟是如何扶持学生们组织各种社团，但这正是蔡先生的高明之处。大学生已经成年了，有自治的精神和能力，选好大学教授以后，就给学生们组织各种社团，组织社团的目的是让他们改变已有的不好的生活习惯。青年学生课余时间如何打发时光是一个问题，用正当的娱乐来取代不正当的娱乐，具体说来就是组织各种学生社团，不是希望将来的学生成为音乐家、画家、书画家，而是用这些活动来陶冶心情，这正是蔡先生以美育代宗教论述的精髓所在。

第三，敬爱师友。尊敬老师不必多说，这里强调同学共处一室，尤应互相关爱，庶可收切磋之效。其实大学的知识一半是老师教出来的，另外一半是同学互相激励而形成的。

1979年，参与过五四运动的中文系学生俞平伯写了《"五四"六十周年纪念忆往事十章》组诗。"同学少年多好事，一班刊物竟成三。"后面加了个注,五四期间的三个重要刊物——《新潮》《国故》《国民》其实都是我们那帮同学做的,一班同学走不同的路径,有共同的追求、理想的念头,但是政治理念、文化习惯不一样,最后走出不同的道路。同学的互相激励使得当年的北大红楼始终洋溢着青春热情。

蔡先生对于大学生的想象,对于大学文理科的重视,对于学和术的分解,等等,其实都跟他在德国留学有直接关系。蔡先生一生六次出国,在国外总共生活了十二年,先后三次赴德国求学,总共在德国待了五年多,其中在莱比锡大学注册的是哲学系,那段时间最长。从1908年10月到1911年,六个学期修了四十多门课,每个学期将近七门课,哲学、文学、教育学、心理学、美学、民族学、绘画、艺术等等,凡时间不冲突他都听。当初他去莱比锡大学报名的时候填的履历表是假的,因为他当年已经四十岁了,他怕学校不要,就填为三十五,然后在大学里面听了这么多的课。

我曾经说过,今天都强调大学校长是专家,念博士本来就是一个专业化途径,博士以后又往前走,将来成为教授,在理科的话成为院士,这条路必定是越走越专业。所以专业化是今天高等教育或者是学术的大道,但是如果承担一定的行政职务,专业做得很好的人不见得能够平衡这么多学校内部的各个专业的发展需求,所以特别感慨。其实蔡先生不是专家,蔡先生是通儒。你看他读的、感兴趣的话题,在每个具体领域里面,蔡先生都不是第一流的学者,但是这么多领域、这么多专业,他都能说得上话,而且有高等常识,这才是引领学界风气、执掌综合大学的最佳人选。

2021年北京大学做了一件事情,决定每个月给北大全球校友做一次讲座。第一讲选择我的《五四运动与北京大学》,因为北大的光荣很大程度和新文化运动及五四运动直接相关，话题本来没有什么特殊之处，我也就按照课堂上平时的发挥，如此而已，但播出以后效果极好。当天下午就告诉我有二十四万人在网上观看，一周以后说讲座的点击率超过三十六万，当然不仅是北大的校友，也包含其他朋友，他们都在关心这个话题。

关心五四，关心北大，关心新文化，关心中国现代教育，必定会关心一个人，那就是蔡元培。要说头衔，前面他有中华民国首任教育总长，后面有中央研究院院长，但是实际上所有人谈到蔡元培最关心的还是他主政北大十年，也就是1917年至1927年任北京大学校长这十年间他所做的贡献。北大校园里面露天的铜像只有两个，一个是蔡元培，一个是李大钊，都是1982年的时候七七级、七八级大学生集资新建出来的。到现在为止，这两个地方依旧还是北大学生以及校友们特别挂念的地方。

"后面余到校视事仅数日"（蔡元培演说原文），提到之后要做的事情，一个改良讲义，一个添购书籍、筹集款项等等。先说这个到校。因为1916年冬天，蔡先生在法国接到教育部令，让他回来出任北大校长。

我们知道在蔡元培就任北大校长前，北大成了"烫手山芋"，四年换了四任校长。别人接受不了，教育部请蔡元培赶紧回来，好多人说蔡先生一开始不愿意。不是的，蔡先生很快就答应了。1916年9月1日，中国驻法大使馆转来教育总长范源廉的信以后，他马上就开始准备，半个月以后已经给妻子写信订了船票，没有什么犹豫。蔡先生内心深处是认可征召的。

而很多人后来回忆录都说是自己给教育部提建议，应该请蔡先生回来。好多人，可能是对的，他们说过、提议过，但是关键问题是教育总长范源廉根本就用不着他们来推荐，因为他和蔡先生两个人本就是肝胆相照的朋友。蔡先生当教育总长的时候，范源廉是次长，蔡先生因为不跟袁世凯合作，自己退下来，然后推荐的教育总长就是范源廉，所以他们两个人之间是莫逆之交，都是从晚清到民国，一直在坚持做教育的著名的教育家。

最后一个话题是改良讲义，添购书籍。改良讲义这个故事很长，蔡先生的改良讲义碰到很多障碍，因为北大当年之所以发讲义，一方面是因为北大的整个学术水平比市面上的其他著作教材都高，所以没有合适的讲义，只能自己编，而且现场发给学生们，这是大的原因。

可是还有一个小的方面，北大老师们的口音很重，以中文系为例，浙江籍的老师，他们说的话北方学生听不懂，很多例子，最后发了讲义，在课堂上再稍微宣读，然后就可以放开来讲，这才能够让学生们有很好的学习效果。所以讲义，尤其是免费发放讲义，是北大早期的很重要的财政负担。蔡先生想改，陈独秀想改，最后都改不了，原因就是面上的是学术水平，底下的是方言和国语之间的矛盾。这个话题我在这里不展开。

图书馆以及书籍，这里涉及当初的图书馆馆长李大钊，今天借用的北大红楼这块地方，李大钊、鲁迅都在这里讲过课，就借用此教室来讲这一段历史故事，希望大家对早期北大历史，对蔡元培先生的大学理念，以及现在中国的大学精神有比较好的了解。我在大学读书、教书都毫无疑问地会受到大学氛围的感染熏陶，这种校园风气可以从各个不同的角度来传递和论述。

比如说，今天所有的大学里面都会谈校史，会谈校园的故事传说，会从校园人物以及校园建筑入手来阅读这所大学。比如说校史

蔡元培主张思想自由、兼容并包的办学宗旨,同时延揽"新""旧"两派人物主持文科。图为1918年6月北京大学文科国文门第四届毕业生与教师合影

1918年6月北京大学文科哲学门第二届毕业生与教师合影

方面，我们有这一类的北京大学的史料、校史，我们北京大学校园里面有各种各样的建筑，老北大的、新北大的，今天大家都很熟悉的那些建筑，其实同样是这所大学的历史见证。矗立在校园里的各个建筑，无论高低雅俗都镌刻了这所大学曾经的风雨历程，也是我们进入大学最好的指引地图。走到任何一所老大学，校友们都会告诉你，这个楼、这个湖、这座山以及这片草坪上曾经出现的人物和发生的故事，而这些是我们进入校史的关键。

其实最近二三十年这个话题越来越受到关注，比如说曾经在历史上发挥巨大作用的一些书院，比如我们知道的岳麓书院、白鹿洞书院、鹅湖书院等等，成为全国重点文物保护单位。而现代大学里面，北京大学红楼是第一批全国重点文物保护单位，后来有南开学校、未名湖燕园建筑群、清华大学早期建筑等一系列。到了第六批的时候，我们发现有更多学校的旧建筑进入全国重点文物保护单位名录，包含了年纪最轻的国立西南联合大学旧址。我相信随着时间的推移，我们对这些大学里的老建筑会有越来越多的关注，越来越多的大学老建筑会进入历史。而这些作为重点文物保护单位的大学老建筑纪念的与其说是这些建筑本身，不如说是曾经发生过的那段重要的历史，它们是作为重要史迹，而不是作为建筑学的代表作进入保护行列的。

借助于这些大学的老建筑，包括今天我们讲课所在的北大红楼，你很容易了解已经消失在历史深处的那些人物和故事。某种意义上，所有流传在大学里面的逸事，隐含了某种大学里面的真精神，一代代的人在传递过程中都会加以修订。所有在校园里面能够扎根生长的故事，必定体现了这个大学的价值追求。

最后我想做几点说明。蔡先生作为北京大学校长留下来的最重要的理念是思想自由和兼容并包。北大到现在为止没有统一的校训，但是很多学者会特别认同蔡先生提出的"循思想自由原则，取兼容并包主义"。另外蔡先生在北大的时候推动了新文化运动的展开，我们日后看的《中国新文学大系》总序都是蔡先生撰写的，他的同事们，像陈独秀、李大钊、鲁迅、胡适等人，对推动五四新文化运动起了很大作用。

说到蔡先生，很容易关注他留下来的著作，综合性的，我们现在一般读的是中华书局版《蔡元培全集》（七卷）；至于具体的著作，有《石头记索隐》《中国伦理学史》等等。但所有的著作里面，我以为最值得关注的，是一本学生给他编的《蔡孑民先生言行录》。

2012年，我将蔡先生的若干篇文章集起来，做成《何为大学：蔡孑民先生言行录》，目的是让读者能够了解蔡先生的大学理念，以及他所做出的贡献。这本书主要内容其实是演说，最主要的七十二篇是1917年至1920年间他在北大以及其他地方的专题演说。之所以叫"言行录"，其实模仿的是《宋名臣言行录》，强调它不仅是文章，而且是道德。道德文章，书名是"言行录"。同时代的胡适、陈独秀是文存。一个是"言行录"，一个是"文存"，二者之间凸显的人物风采是不一样的。（本文根据录音整理，未经主讲人审阅）

从《敬告青年》到伟大建党精神
——陈独秀《敬告青年》解读

[背景]

　　1915年9月,陈独秀在上海创办月刊《青年杂志》,次年更名为《新青年》。《敬告青年》是陈独秀为自己主编的《青年杂志》所写的发刊词,原载于1915年9月15日《青年杂志》第一卷第一号。

　　在这篇文章中,陈独秀针对思想启蒙,提出了著名的六条标准,即自主的而非奴隶的、进步的而非保守的、进取的而非退隐的、世界的而非锁国的、实利的而非虚文的、科学的而非想象的,从而表达了五四时期启蒙主义知识分子改造国民性的思想主张和深刻意识。由此,《敬告青年》也成为陈独秀发起新文化运动的宣言书。

　　三十六岁的陈独秀为何撰写《敬告青年》?这篇文章为何成为新文化运动发起的宣言书?《新青年》编辑部为何从上海搬到北京?是什么原因促使陈独秀和李大钊相约建党?从《敬告青年》发表,到伟大建党精神形成,其中有着怎样的思想演进?中国共产党从1921年的五十多名党员,发展到现在的九千多万名党员,成功的密码又是什么?让我们重读经典,追本溯源。

陈独秀文科学长室

讲座时间：2022 年 6 月
主 讲 人：王炳林（中共党史学会原副会长，中华人民共和国国史学会副会长，北京师范大学中共党史党建研究院院长）

扫描下方二维码
收听讲座音频

  我们首先讲陈独秀为什么要创办《新青年》。陈独秀 1879 年 10 月 9 日出生在安徽怀宁县，原名陈庆同。后来为什么改成陈独秀呢？有一种说法是，因为他的家乡怀宁县有一座山，孤峰兀立，壮美秀丽，独具风格，称为独秀山。陈独秀自称"独秀山民"，写文章的时候用过"独秀"这样一个笔名，由此大家慢慢地记住了陈独秀这个名字。独秀也因此名声大噪。
  陈独秀字仲甫。看《觉醒年代》大家知道，文人之间都是称字

的，以示尊敬。他二十多岁时正逢维新变法运动失败，后来1900年八国联军又打进来了，他对腐败卖国的清王朝产生反感，所以投身参与了一些反清活动。辛亥革命成功以后，他回到安徽任都督府秘书长，相当于现在省政府的秘书长，职位是很高的，在安徽是很有影响力的民主革命的领袖人物。后来袁世凯倒行逆施，大家都反对袁世凯，孙中山发动讨伐袁世凯的二次革命，陈独秀也积极参加。结果二次革命失败，陈独秀被捕入狱，之后他前往日本。

在1914年到日本以后，陈独秀帮助章士钊创办了一份刊物——《甲寅》，帮助其撰稿，开始以"独秀"作为笔名发表文章，慢慢地积累了办刊经验，也积累了一些人脉。后来《甲寅》停刊，陈独秀决定自己来办一份刊物，他希望通过办刊来改造国人的思想。为什么要改造国人的思想呢？他当时觉得，辛亥革命之所以会被袁世凯篡权，袁世凯之所以有复辟帝制的思想，是因为当时的中国存在封建思想，人们的封建意识仍非常浓厚。陈独秀认为只进行革命活动还不行，必须改造人们的思想，通过思想的革命，唤起人们的觉醒，才能真正地改造社会，这就是强调思想的引领作用。在这样一种理念的驱使之下，他要创办一份刊物，进行思想革命。

从大的背景来讲，从更广阔的视野来讲，这份刊物的创办也就是新文化运动兴起的背景和原因之一。具体来讲，新文化运动为什么会兴起呢？从政治上看，那个时候帝国主义加紧对中国的侵略，军阀统治日益昏暗腐败，特别是1915年日本提出"旨在灭亡中国的'二十一条'"，而袁世凯居然答应了大部分的要求，本来这个"二十一条"是秘密的，结果后来被泄露出来了。国人一下子就愤怒了，称之为"国耻"。这种情绪后来一直延续到五四运动。

从经济上来讲，辛亥革命以后，特别是第一次世界大战期间帝国主义无暇东顾，中国的民族资本主义得到发展。民族资本主义有了经济基础以后，就需要有政治的声音，而政治思想的表达，也要有经济的基础。还有一个原因是在思想上，辛亥革命以后，共和思想开始深入人心，封建统治已经被推翻，必须要共和要民主，但是袁世凯上台以后，他梦想着要复辟帝制，要"开倒车"，这在陈独秀等一些先进知识分子看来是历史的倒退，必须反对这种思潮，中国社会才能进步。他们希望通过创办一份刊物来批判这些旧的、保守的、封建的意识和思想，唤起人们对于民主共和的向往和理想追求。

1915年9月15日，陈独秀在上海创办《青年杂志》，揭开了新文化运动的大幕。《青年杂志》后来改名为《新青年》，成为新文化运动的开端，这一年陈独秀三十六岁，可以说，这一年他的人生大放异彩。

下面我们讲第二个问题，《敬告青年》都体现了哪些新的思想？陈独秀在这篇发刊词当中，首先对青年进行了热情的赞扬，他说，青年对于社会就像人体新陈代谢一样，旧的细胞必然被淘汰，腾出空间来让新的生命生机勃发，所以他对青年给予了无限的希望。正是因为对青年有这样的希望，他看到了社会的希望所在。这篇文章今天读起来，依然对我们青年有很大的感召力。

《敬告青年》的核心理念是强调自觉奋斗。所谓自觉就是自觉认识到自身和这个世界的状况，认识到中国在世界上的地位，认识到我们自身在社会历史当中的责任和担当，以及中国应该在世界上所具有的地位。所谓奋斗就是要立志奋发，通过自身的努力回答时代之问，让我们这样一个国家在世界上有更大的作用，做出更大的

从《敬告青年》到伟大建党精神

《青年杂志》创刊号

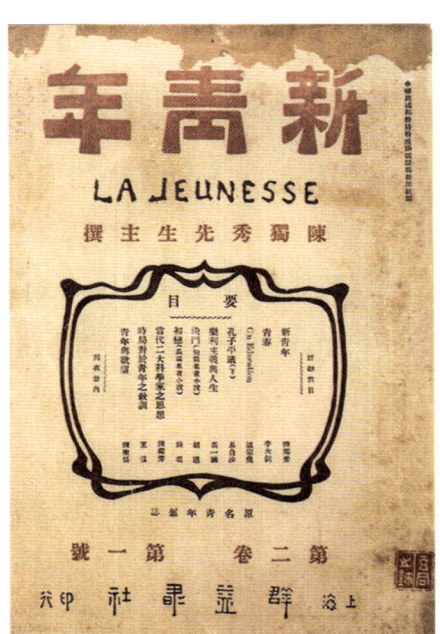

更名《新青年》后出版的首期（第二卷第一号）

贡献，有更高的地位。

《敬告青年》这篇文章是非常有号召力的。从纵向上讲，它是把过去和现在做对比，通过强烈的对比让人们认识到当时中国的危机。从横向上讲，它是把中国和西方做对比，来描绘中国文明的未来。

文章中提出了六大主张，也叫六条标准或六大主义：自主的而非奴隶的、进步的而非保守的、进取的而非退隐的、世界的而非锁国的、实利的而非虚文的、科学的而非想象的。陈独秀通过这样的对比修辞，提出了自己的主张。下面我们来阐释一下《敬告青年》当中提出的六大主张。

第一个是自主的而非奴隶的。"自主"应该说是现代社会基本的人格要求。所谓自主就是要有独立自主的人格，我们自己的信仰、自己的权益、自己的生命，都应由我们自己来做主。就像我们今天讲的"我命由我不由天"，不能由他人来做主，不能受他人的奴役。

第二个是进步的而非保守的。社会潮流是在不断向前发展的。《敬告青年》依据的是进化论的观点，任何一个社会都是包罗万象的，一切都在变化，一切都在发展，保守必然僵化，必然要落后。所以我们要看到整个世界浩浩荡荡的大势，跟上进步的潮流。用今天的话来讲，要不断地开拓进取、开拓创新。

第三个是进取的而非退隐的。从我们个人来讲，进取主要是要有一种奋发向上的力量，要有一种进取的精神。退隐，陈独秀也讲了，从善意的角度来讲，可能是做一个远离尘世的高人；从恶意的角度来讲，那就是你弱小，在竞争当中败下阵来，所以你要退隐。现在我们讲的所谓"躺平"，实际上任何人都不可能真正"躺平"，你"躺平"只是说你无力在社会上竞争，是一种自我满足、自我调节而已，谁"躺平"谁倒霉，任何社会都是这样的。

第四个是世界的而非锁国的。这个世界越来越连成一体，每一个国家的发展，每一个国家发生的事情都会对世界产生影响，而世界的形势也会对每个国家产生影响。陈独秀当年就说，国家的发展有一半是自己的努力，另一半要受到外部环境的影响。这样一个理念是非常先进的，就和我们今天强调对外开放一样，世界已经连成一体，任何人想去割裂、封闭也不可能，否则就是自甘落后。

第五个是实利的而非虚文的。实利就是我们做的一些事情要实实在在，要求真、务实，我们做的事情对社会要有实际用处，而不是搞一些花架子，搞一些花拳绣腿，搞一些形式主义的东西。那些空洞的东西做完了都是虚幻的，对这个社会没有任何意义，所以强调要务实，要实利，而不是虚文。

第六个是科学的而非想象的。这里的科学强调我们要有科学的知识，要有科学的技术，更要有科学的思想、科学的理念、科学的方法，要遵循一些科学规则。

这六大主义就是新文化运动的宣言书，也是基本主张。通过这六个方面我们就能够看出，通过青年的努力，通过社会的改造，中国才能够焕发出新的生机，才能够在世界上有更加突出的地位。这样一个新文化运动的宣言书，在当时可以说是振聋发聩的，影响了非常多的青年人，陈独秀也由此成为思想界的明星。这就是《敬告青年》最主要的内容。

下面讲第三个问题：《新青年》究竟对社会产生了什么影响？我们现在都知道《新青年》，其实这个刊物原来叫《青年杂志》。在出刊第二年，也就是 1916 年 9 月 5 日改名的，为什么改名呢？

因为当时上海基督教青年会办了一个周报也叫《青年杂志》，陈独秀办的这个刊物出来以后，对方觉得两种刊物重名了。尤其是陈独秀办的《青年杂志》影响越来越大，上海基督教青年会认为他们的周报受到了影响，所以就和陈独秀打官司。后来陈独秀干脆化被动为主动，你不是说跟你相似，重名吗？我改个名字，加个"新"字，更加突出杂志的新思想、新理念，叫《新青年》，由此也"因祸得福"，杂志的影响力更大了。

《新青年》或者说《青年杂志》最早是在上海创办的，后来新文化运动的中心转到了北京，为什么转到北京？这就和北京大学有关了。大家知道我们现在所处的教室，就是当年李大钊等人讲课的教室，今天我站在这里感觉到非常的自豪，非常的荣幸。中国共产党的先驱们曾经在这里传播新思想。大家知道，北京大学前身是京师大学堂，京师大学堂在1912年，也就是辛亥革命以后，改名为北京大学。但是当时学校的学生还是官宦子弟居多，特别是在之前是一些地主家的、官僚家的老爷、少爷在这儿读书，他们不是真正做学问的。1917年1月，当蔡元培被任命为北京大学校长，蔡元培立志要改变这个学校的学风，不能成为官僚来镀金的地方，要成为真正研究学问的地方。所以蔡元培上任校长不到十天，就聘请陈独秀来北京大学任文科学长。陈独秀说他还在上海办《新青年》杂志，没法去当文科学长。蔡元培跟他说，干脆把编辑部也搬到北京来。就这样，陈独秀把《新青年》编辑部也搬到了北京，就在离这里不远的箭杆胡同九号。由此北京就成了新文化运动的中心。

在北京，《新青年》由陈独秀一人主编改为同人刊物，成立了编委会。许多当时的社会知名人士参与到刊物的创办中来，他们共同成为新文化运动的骨干力量。通过提倡科学，提倡民主，提倡新道德，提倡新文学，新文化运动极大地解放了人们的思想，是一场巨大的思想启蒙运动，这是它的第一大贡献。

第二个贡献，就是促进了俄国十月革命和马克思主义在中国的传播。《新青年》影响力越来越大，由刚开始创办时发行一千份，过了两年多时间就发行到一万六千多份，比如今一些文学刊物发行量还高，可见影响力之大。

第三个贡献，就是培养了一批早期的马克思主义者和共产主义先驱。《新青年》杂志，无论是编辑者、主笔人，还是读者，都围拢在《新青年》杂志周围或是参与到新文化运动当中去，有些人逐步成长为马克思主义者，成长为伟大的共产主义者，可以说影响了一代青年。我们举一个例子，比如说毛泽东。毛泽东自己明确地说，他就是陈独秀和李大钊那一代人的学生。毛泽东当年也是风华正茂的青年，在追求进步的过程当中，选择什么主义？年轻时代的毛泽东曾经崇敬过梁启超、谭嗣同，后来最崇敬的人就是陈独秀、李大钊，正是受了他们的影响才走上了共产主义的道路。毛泽东读了《新青年》以后，非常喜爱这份刊物，仰慕陈独秀，所以就积极地给《新青年》投稿。1917年3月，毛泽东写了一篇《体育之研究》，投稿给《新青年》。陈独秀看了这篇文章以后，大加赞赏，并在《新青年》上发表了这篇文章。

1918年9月，毛泽东因为组织留法勤工俭学来到北京，经杨昌济介绍到北京大学图书馆来打工。在这里他认识了很多文化界的名人，特别是陈独秀，这是他非常崇敬的人。毛泽东当时和杨开慧聊天的时候说，陈先生见解精湛，敢作敢为，正是国家所需要的栋梁之材。

毛泽东后来在保安和斯诺谈话的时候也讲，陈独秀对他的影响也许超过其他任何人，自己接受马克思主义就是受了陈独秀和李大钊等人的影响。包括在1945年在召开中共七大的时候，毛泽东在大会上还说了这样的话，他说五四运动为中国共产党准备了干部，那个时候有《新青年》杂志，是陈独秀主编的，被这本杂志和五四运动警醒起来的人，后来有一部分加入了共产党。可见《新青年》在当时影响之大。

可以说《新青年》影响了一代青年，正是这样一批进步青年组织起来，为中国共产党的诞生做了重要的干部和组织准备。五四运动的爆发，使陈独秀看到了民众的力量，所以他也不仅仅是进行思想动员，还亲自参加到革命活动当中去。1919年6月9日，五四运动高潮的时候，陈独秀起草《北京市民宣言》，提出五项要求，包括要取消民国四年、七年对日密约（即瓜分中国的条款）。6月11日，陈独秀专门到北京新世界游艺场散发传单，引起巨大轰动，市民都拍手叫好，但也引起了警察的关注，陈独秀由此被逮捕，警察连夜查抄了他的家。陈独秀被捕这件事，在整个中国引起了巨大的震动。因为这样一个思想界的明星，在青年当中有极高的威望，突然被捕了，大家纷纷抗议，要求释放他。各界人士也发表宣言，发表文章，声援陈独秀。

毛泽东当时在《湘江评论》创刊号上发表了《陈独秀之被捕及营救》，这是就陈独秀被捕和营救专门写的一篇文章。毛泽东说陈独秀是思想界的明星，陈独秀虽然被逮捕了，但不影响陈独秀新思想的传播。他还在文章的最后喊出了这样的口号："我祝陈君万岁！我祝陈君至坚至高的精神万岁！"可见他对陈独秀的敬仰和仰慕。

当时的北洋政府本来是想通过逮捕陈独秀遏制新思想的传播，

没想到反而通过营救陈独秀，新思想在全社会更加广泛地传播了。在各界人士的压力下，陈独秀被关三个多月后，北洋政府不得不将他释放。陈独秀出狱以后，社会各界非常兴奋，李大钊专门发表了新诗，名为《欢迎独秀出狱》。

一

你今出狱了，我们很欢喜！他们的强权和威力，终竟战不胜真理。什么监狱什么死，都不能屈服了你；因为你拥护真理，所以真理拥护你。

二

你今出狱了，我们很欢喜！相别才有几十日，这里有了许多更易：从前我们的"只眼"忽然丧失，我们的报便缺了光明，减了价值；如今"只眼"的光明复启，却不见了你和我们手创的报纸！可是你不必感慨，不必叹惜，我们现在有了很多的化身，同时奋起：好像花草的种子，被风吹散在遍地。

三

你今出狱了，我们很欢喜！有许多的好青年，已经实行了你那句言语："出了研究室便入监狱，出了监狱便入研究室。"他们都入了监狱，监狱便成了研究室；你便久住在监狱里，也不须愁着孤寂没有伴侣。

陈独秀被捕一事使他的社会影响更大了。他出狱以后，各地纷纷邀请他去讲学，虽然北京的警察对他进行了监视，不让他出去，但他还是义无反顾投身革命之中。

下面讲第四个问题，就是为什么会有"南陈北李，相约建党"

这样一个说法。我们讲到中国共产党成立时，总是有这样的说法，"南陈"指的就是陈独秀，"北李"指的就是李大钊。1920年2月4日，陈独秀到武汉去讲学，社会各界纷纷报道。北洋政府的警察知道后很生气，武汉当地警察厅也很紧张，说你赶紧离开，不能在这儿了，否则就要被逮捕了，所以他在2月8日就回到了北京。李大钊告诉他不能在北京待下去了，警察肯定要继续逮捕他，所以决定让他赶紧到南方去。当时正是春节前夕，各地收账的时候，好多人都下去收账，他们也打扮成账房先生的模样，租了一辆带篷的骡子车。李大钊在前面赶车，陈独秀就坐在里边，遇到警察盘问时，都由李大钊出来应对。因为他是北方人，陈独秀是安徽人（南方口音），一说话会暴露。

李大钊护送他到天津，陈独秀由天津抵达上海。就在李大钊护送陈独秀从北京到天津的这段时间，他们两个在路上商谈了建党的问题，说要改变社会，必须组织一个先进的政党。他们约定陈独秀到上海去组织建党活动，李大钊在北京开展建党活动，这就是"南陈北李，相约建党"的由来。

1920年8月，陈独秀跟李汉俊、李达等人在上海组织了中国共产党的第一个早期党组织，也就是上海党小组，成为共产党的发起组，此后北京等地也纷纷成立党组织。

1920年5月，二十七岁的毛泽东也从北京到了上海，在上海住了两个多月，并于6月专门拜访了陈独秀。这次谈话给毛泽东留下了终生难忘的印象。后来毛泽东回忆说，陈独秀谈他自己信仰的那些话，在他的一生中可能是关键性的时期，产生了深刻的影响。受陈独秀的委托，毛泽东到湖南长沙去创办早期党的组织。1921年6月，共产国际派了一位代表叫马林，来组织帮助中国建立共产党。这时李达就在上海发出邀请信，让各地党的早期组织派人到上海来参加会议。

陈独秀在上海组织党的早期组织，但他为什么没有参加一大呢？因为1921年2月，陈独秀应广东省省长陈炯明的邀请，到广州任广东省教育委员会委员长，主管广东的教育工作，还兼任了广州大学预科校长。六七月正好是期末，又要筹备建设广州大学的钱款，工作非常繁忙。虽然李达写信让陈独秀到上海参会，但陈独秀说实在离不开，所以他就派陈公博、包惠僧到上海来参会。陈独秀就没有参加一大。本来准备是6月或者7月初召开，结果到7月20多号，一大的代表才会聚到上海。7月23日，中共一大在上海召开。陈独秀虽然没有参加一大，但是他还是被选为中央局书记，说明当时大家都很肯定他。

从中共一大到中共五大，陈独秀一直都是党的主要领导人。在中共一大以后，陈独秀辞去了广东省教育委员会委员长的职务，来上海主持中共中央的工作。

陈独秀在主持中共中央工作时，在制定民主革命纲领，在国共合作，在统一战线方面都发挥了重要作用，这就是我讲的第四个问题，就是为什么会有"南陈北李，相约建党"这样的一个说法。

2021年7月1日，在庆祝中国共产党成立一百周年大会上，习近平总书记在天安门城楼上郑重地提出了伟大建党精神。回望百年中国共产党的光辉历程，中国共产党产生了，以伟大建党精神为源头的中国共产党人的精神谱系也就由此形成了。

伟大建党精神是怎么形成的？正是一百年前革命先驱们在探索真理和创建中国共产党的过程中，伟大实践孕育了伟大精神。这种精神是在建党实践当中形成的，从马克思主义在中国的早期传播到中共一大、二大召开，中共一大宣告了中国共产党诞生，中共二大制定了共产党的第一部党章，正是在这样一个实践过程当中，形成了伟大的建党精神。

中国共产党从最初的五十多人，到现在发展到九千多万名党员，它的成功密码是什么？一个重要的密码就是我们有伟大建党精神的指引，有伟大建党精神作为动力。

伟大建党精神一共四句话，第一句话是"坚持真理，坚守理想"，这是中国共产党人的政治灵魂，精神支柱。坚持什么真理？就是坚持马克思主义的理论，共产党人信仰共产主义，正是这种理想信念支撑着我们不断地克服一切艰难险阻，从胜利走向胜利。

第二句话是"践行初心，担当使命"，这是中国共产党人的价值追求，也是根本立场。我们共产党一开始就强调为中国人民谋幸福，为中华民族谋复兴，强调全心全意为人民服务，现在强调以人民为中心，都体现了为了人民、依靠人民这样一种崇高的价值追求。

大家知道的一位英模人物焦裕禄，他的故事非常感人。在风雪天的时候，焦裕禄带着县委的同志们去慰问孤寡老人，孤寡老人就问他是谁。焦裕禄说："我是您的儿子，是毛主席派我来看你来了。"这就是共产党人对人民群众的情怀，所以践行初心，担当使命，使我们共产党人得到了广大人民群众的拥护。正是因为人民群众的拥护，所以共产党才不断地成长壮大，才能够取得成功。

第三句话是"不怕牺牲，英勇斗争"，这是中国共产党人的意志品质和英雄本色。在中国共产党历史展览馆里有一个编号0001号的文物，就是李大钊就义时的绞刑架。李大钊作为我们共产党的主要创始人之一，面对死亡从容就义，体现了共产党人崇高的不怕牺牲的精神。他曾经说，高尚的生活，常在壮烈的牺牲中，李大钊用自己的行为践行了他的诺言。

第四句话是"对党忠诚，不负人民"，这是中国共产党人的政治品格和深厚情怀。我们要斗争，这个组织就要有力量，这个组织要有力量就需要我们的全体成员的忠诚。习近平总书记明确地指出对党忠诚是共产党人首要的政治品质，我们党一路走来，经历了无数艰险和磨难，但任何困难都没有压垮我们，任何敌人都没能打倒我们，靠的就是千千万万党员的忠诚。所以说对党忠诚是共产党人最重要的品格。

这就是伟大建党精神的内涵，这也是中国共产党能够成功的精神密码。从陈独秀创办《青年杂志》，发表《敬告青年》的发刊词，就开始了一种思想的革命，一直到马克思主义在中国的传播，由此诞生了中国共产党，逐渐形成了伟大建党精神。所以这样一个思想脉络是很清楚的，正是因为这样的新思想的传播，伟大精神的形成，重塑了中华民族精神，使中国人民在精神上由被动转入主动。毛泽东当年就明确说，中国人自从接受了马克思主义以后，精神上就由被动转入主动了。正是在这样一种思想指导下，我们党的理论也不断地丰富发展，相继形成了毛泽东思想、邓小平理论、"三个代表"重要思想、科学发展观、习近平新时代中国特色社会主义思想，这都是马克思主义中国化的理论成果。我们追溯的这样一个理论的渊源、精神的渊源，就可以看到从《敬告青年》开始，这种精神不断地弘扬，成为我们民族复兴的强大的精神动力。

李大钊
《青春》解读

[背景]

  "以青春之我，创建青春之家庭、青春之国家、青春之民族……"这脍炙人口的名言，出自李大钊同志的代表作《青春》。1916年，留学日本的李大钊写下《青春》一文时只有二十七岁，正值青春年华。李大钊将文稿寄给了在早稻田大学求学时结识的陈独秀，并发表于同年9月出版的《新青年》第二卷第一号。在《青春》中，李大钊系统地阐述了他对宇宙、人生、国家和民族前途的看法，提出了"青春"的宇宙观和人生观。有人说李大钊同志的这篇《青春》叫醒了无数青年，吹响了理想的冲锋号，更唤醒了整个时代。这篇文章为什么会有这么高的评价？它又具体讲了什么内容呢？

北大红楼第四展厅

讲座时间：2022年4月

主 讲 人：何杰（北京师范大学第二附属中学语文教师，北京师范大学基础教育研究员，全国著名语文特级教师，教育部国培计划入库专家，参与编写全国高中语文统编教材）

扫描下方二维码
收听讲座音频

  各位同学，大家好！我们现在身处的这间教室就是新文化运动和五四运动时期文化先贤们上课的地方。李大钊曾在这里讲过唯物史观、国际工人运动与社会主义的将来。还有我非常崇敬的鲁迅先生，在这里讲过中国小说史。所以来到这个地方，抚今追昔，我感觉到一种光荣，一种荣耀。

  让我们在历史的氛围中一起来学习李大钊的早期作品，通过读他的作品，理解当时的中国，也理解当下的自己。李大钊的这篇《青春》是他在日本写的，他看到了日本的春天，就联想到我们祖国的春天，然后由祖国的春天想到了青春，于是展开了对青春的探讨。他先谈宇宙，谈宇宙的有限和无限，绝对和相对；由宇宙讲到地球，由地球讲到人类，再讲到国家和民族；最后讲到个人，青春应该是什么样子。整篇文章是这样的思路。

  它的题目叫《青春》。同学们，你们真的能够说清楚什么是青春吗？我们都在说青春，都在歌颂青春，都在用这个词。那么"青春"这两个字是什么意思？绝不仅仅是说青年，如李大钊所说，要让白首之地球也有青春，看来不仅仅是表现在年龄上。虽然说在座各位正值青春年少，你们都是年轻人，你们身上都有一股青春的力量，但是为什么有的青年人暮气沉沉？并不是说年轻人就一定有青春的朝气，从这个意义上讲，李大钊这篇文章其实就是在探讨青春是什么，为什么我们要有一种青春的状态。

  李大钊当时为什么要写这篇文章呢？我们知道辛亥革命以后，虽然建立了中华民国，但是，旧中国半殖民地半封建社会的社会性质和中国人民的悲惨命运没有彻底改变。同学们是否看过电视剧《觉醒年代》？剧中表现出了当时人们的这种艰苦。实际上当时的生活要比电视剧里表现得更严重。那个时候中国正处在亡国灭种的边缘，在那个时代，以李大钊、陈独秀为代表的一批先进知识分子，他们认识到了中国要想走向富强，必须从改变思想做起。包括陈独秀、李大钊、鲁迅，他们都有一个观点，认为中国要想改变，必须改变人心。这话没有错，改变人心就是改变文化。所以在那个时候，陈独秀、李大钊他们就开始说，要改变人心，推行新文化，他们把希望寄托在青年身上，希望以新文化、新思想来引领国人，也就是创造青春之中国。

陈独秀为此办《青年杂志》，并在创刊号上提出了青年要有六条特征，他希望青年要做到自主的而非奴隶的、进步的而非保守的、进取的而非退隐的、世界的而非锁国的、实利的而非虚文的、科学的而非想象的。他认为新青年应该自主、进步、进取，放眼世界，追求实实在在的功效，然后推行科学。这就是所谓"新青年"真正地能够成为新青年、新人类。而与之相呼应的是李大钊写的《青春》，这篇文章在电视剧《觉醒年代》中也有反映。

李大钊从世界观、人生观的角度，谈到了人应该有的生命状态：始终以青春的精神做人做事，追求生命的完善，在这个基础上创造"青春之国家、青春之民族、青春之人类"。

这篇文章比较长，大家更多地只是读到了其中的节选或者警句，但是李大钊对于青春的内涵，以及我们为什么要追求青春的生命状态等问题，到现在可能很多人也未见得真的阐释清楚了。今天我们一同体会李大钊对青春的理解。我们再读这篇文章，它对于我们的意义是什么？我们每一个人在生命的旅途中，面对人海茫茫、错综复杂的世事，难免会有一种迷茫，有时候可能会感到人很渺小，有时候会感到世事很艰难，年龄越大，越有这种体会。我相信你们上中学的时候也经常学到这样的诗文，人生苦短，一个人，一个完善的人，他会有什么样的精神品质？实际上李大钊就在这篇文章当中，回答了我刚才提到的这些问题：如何对待生命的短暂，如何对待我们感到人生的渺小，如何对待我们感到世事的艰难，以及一个完善的人应该做什么。这都是李大钊在借着对于青春内涵的阐释来试图回答的。他说我们要创造青春，也就是要"资以乐其无涯之生"，要有一种青春的状态，能够让我们的生命生活有一种快乐。

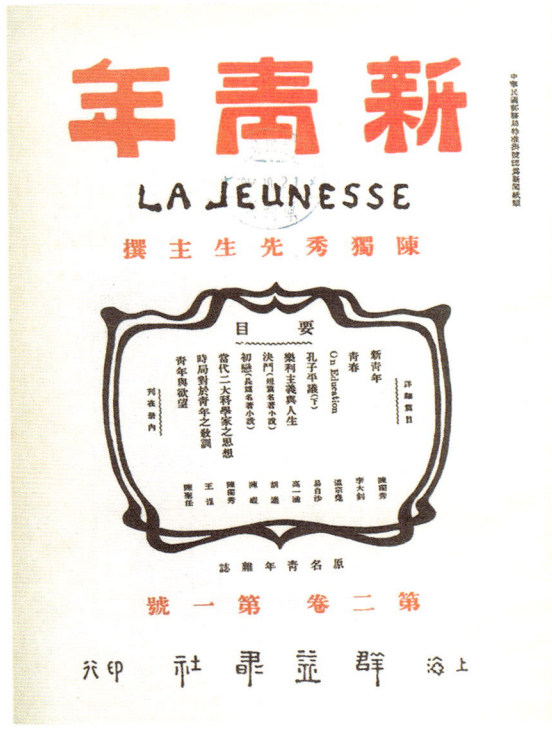

《新青年》第二卷第一号

  我们看到李大钊由眼前的春天之景联想到了青春。文章一开始就说"春日载阳,东风解冻。远从瀛岛,反顾祖邦"。他在日本想到了自己的国家,写自己从日本回望中国,想象着祖国的春天。由春天联想到了青春,在他看来,美好的景致是大自然给那些具有积极的青春状态的人的馈赠,他希望青年能够以"纯洁之躬,饫尝青春之甘美,浃浴青春之恩泽,永续青春之生涯,致我为青春之我,我之家庭为青春之家庭,我之国家为青春之国家,我之民族为青春之民族"。进而他提出来,不妨和青春来一场因缘际会,一起探讨一下什么是青春、如何永葆青春。本文之青春实际上是从春天连下来的，新鲜有希望，所以会让人有着无尽追求的感觉。青春肯定主要是以青年人为形象的，但一定是不拘于实际年龄的，只要勇于求新，敢于创造，追寻希望，不懈变革，有这样的特点，就属于青春的特点。所以李大钊提出青春这个概念，是有针对性的。

他就是针对当时的中国乃至世界的老旧陈腐，提出我们中国人应该有的生命状态。这个时候的李大钊还在很大程度上信服着进化论，进化论什么意思？就是物竞天择。他还相信新生事物不可战胜，相信陈腐的事物一定会被消灭。中国要想摆脱积贫积弱的状态，只有不断地进取，敢于追求，不断变革，才能获得新生。所以李大钊认为青春的状态就是最好的状态，这篇文章就是在向大家阐述青春的状态。

这篇文章从第二段开始，从宇宙的本质谈起，他谈到了宇宙的无限性和青春的无限性。李大钊在文中问宇宙有初始和结束吗？没有。从绝对意义上说，宇宙用他的词就叫"无限""无极"。但是如果从相对的角度来看，宇宙是在进化的。既然宇宙在进化，有进化就有退化，所以宇宙中的内容——就具体的内容而言，万事万物是有差别的。因此宇宙中各种的个体事物、个体生命就会有所不同，千差万别。每种事物、每种生命都是有限的，所以与宇宙相比，个体事物、个体生命都是非常渺小的。大家在上学时一定学过《庄子》，庄子提出一个观点："吾生也有涯，而知也无涯。"意思是个体在宇宙天地面前是非常渺小的。这种渺小的个体事物和生命，是充满局限的。李大钊那时信服的是进化论，还不是马克思主义，但是他的思想已有唯物辩证法的萌芽了。为什么说是唯物辩证法的萌芽？首先说他唯物的这一面，李大钊不否认人的渺小与局限，不否认很多美好的事物会消失,这就是他唯物主义的一面。但是他相信万事万物都是有限的和无限的结合体,都是永恒和变化的结合体,关键是看问题的视角。他承认在宇宙之中,个体生命有限,事物在不断地变化,但是在有限的生命中,在不断变化中,总是蕴含着无限与永恒。正是这种思想使他充分相信人是有主观能动性的,只要掌握了规律,人是可以大有作为的。

每个人的青春进程是不一样的,但是每个人的生命状态应该是一样的。在李大钊看来,宇宙青春都可以是无穷无尽的,我们每一个人都可以创造出永恒的、无穷无尽的精彩。只要个人努力,就可"以宇宙之生涯为自我之生涯,以宇宙之青春为自我之青春"。而这种努力需要一种"生死肉骨、回天再造"的精神,需要"慷慨悲壮、拔山盖世之气魄"。虽然每个人的青春样貌不同,但是他们的青春特征都是永恒的,那就是勇毅气魄,创造精神,它孕育于一个一个的青春个体之中。青年人只有秉持这种精神,才能够尽享无尽的青春。李大钊就是想鼓励青年要有一往无前的气魄。对于个体而言,我们都很渺小,但是我们要有一种一往无前的气魄,只有这样,我们才能够在世界当中找到最好的自己。李大钊这样写,既是鼓励自己,也是鼓励当时的青年。人的一生虽然短暂,但青年要有一种一往无前的精神,不惧困难,不惧威慑,保持勇毅和创造的精神,最后创造出属于自己的奇迹。当时的中国积贫积弱,因为反帝反封建斗争的屡次失败,国内有不少人悲观绝望,所以李大钊写下这篇文章,以此作为对自己和国人的鼓励。面对着浩瀚无尽的宇宙,即使渺小的个体,也有积极向上的精神,这就是青春的特质。一个人如果具有了青春的意识,去追求青春的力量,那么即使面临着恶劣的环境,他也会始终保持着青春的姿态,这就是青春的价值。

文章之后谈到了宇宙天地的变化，世界总是会有发展变化的周期，不管是太阳还是地球，有开始就会有毁灭，地球发展也会有周期。可能这时处在童年期，也可能处在壮年期，或是处在老年期，李大钊称之为"白首"期。但即使处在"白首"期，我们也有足够的主体精神去改变它。接下来李大钊就发出了豪迈的宣言，这一段在电视剧《觉醒年代》中也宣读过。

虽然，地球即成白首，吾人尚在青春，以吾人之青春，柔化地球之白首，虽老犹未老也。是则地球一日存在，即吾人之青春一日存在。吾人之青春一日存在，即地球之青春一日存在。吾人有现在一刹那之地球，即有现在一刹那之青春，即当尽现在一刹那对于地球之责任。虽明知未来一刹那之地球必毁，当知未来一刹那之青春不毁，未来一刹那之地球，虽非现在一刹那之地球，而未来一刹那之青春，犹是现在一刹那之青春。未来一刹那之我，仍有对于未来一刹那之地球之责任。庸得以虞地球形体之幻灭，而猥为沮丧哉！

这段话的意思是说在青春时代，不管外界的条件如何变化，即使地球即将毁灭，只要青春精神不变，我们就有责任改变之，这就是一种积极进取的态度。《论语》中有这样一句话，叫"朝闻道，夕死可矣"，就是这种精神。只要能够掌握真理，只要能够发挥出自我价值，去改变这个社会，哪怕未来地球要毁灭，哪怕生命很短暂，哪怕必然牺牲，人生也是有价值的。所以李大钊希望青年不要担忧前程，有一分热发一分光。

说完地球，李大钊又谈到了人类，地球会毁灭，人类也可能正处于老年，因为从有原始人类到现在已有上百万年了。所以在李大钊看来，这时人类可能已经处在一个所谓的老年期了。李大钊在文章当中谈到一个现象，这是很多哲学家都喜欢谈的，就是随着时代的变化，人类的一些先天功能退化了。李大钊作为一个对人类、对社会极富爱心的人，他发现很多人类在演进过程中的一些乱象，他称之为退化。面对这些乱象，这种退化该怎么办？去求神吗？宗教也在谈人类功能的退化，谈人类乱象该怎么办，宗教认为要去求神。但李大钊说："吾人于此，宜如宗教信士之信仰上帝者信人类有无尽之青春，更宜悚然于生物学者之旨，以深自警惕，力图于背逆自然生活之中，而能依人为之工夫，致其背逆自然之生活，无异于顺适自然之生活。斯则人类之寿，虽在耄耋之年，而吾人苟奋自我之欲能，又何不可返于无尽青春之域，而奏起死回生之功也？"李大钊这段话的意思是虽然现在人类有乱象，但是我们不能倒退，也不必求神。因为求神是不科学的，我们还是要相信青春的力量，还是要相信人的力量。所以地球、人类是可以靠青春的力量来拯救的。我们这个濒临衰亡的民族和国家也可以靠青春的力量来拯救。李大钊将民族与国家分成了青春的民族和国家，还有白首的民族和国家。如果自己的民族国家成了白首的民族和国家，就是老大帝国。作为青年，要努力地使民族和国家重新变成青春的民族和国家，这就要靠青年的自觉。李大钊以其他国家为例，说很多国家在历史上都有过辉煌，也都有过衰败，但他相信一点，他相信青春的国家一定会战胜白首的国家，也就是少年中国一定会战胜老大帝国，他认为这是自然法则。因此李大钊认为，要想让国家兴盛，不能靠所谓圣人的出现，这些所谓有圣人的国家，其实就是老大帝国，靠的是什么？靠的是青年，靠的是民众。在此基础上，作者进一步指出来，世界上有许多国家在革命，那些想要获得新生的国家都要依靠青年。什么是新生的中国？我们要建设的是青春之中国，我们要塑造新的中国，因而要重新对"中华"二字做解释。李大钊说，现在处在一个历史的中点，什么叫中点？就是过了这一点，中国的历史就要有新的篇章。"华"实际上是"花"的通假字。"华"就是指文明要重新铺开。中国的青年要深耕于中华大地，让中华大地成为青春的中华。李大钊指出，白首地球、白首人类、废落中华，全要靠青春力量来恢复。有志有为的青年，要用青春的激情为之奋斗。青春是创造，是担当，是友谊，是自我牺牲。青春的价值在于让白首复于芳华，让废落重归开敷。

正如李大钊同志所说"菁菁茁茁之青年，即此方复开敷之青春中华可也"。那么要实现青春的力量，追求青春的人应该有什么样的素质？在文章最后一段，李大钊谈了他的看法。首先李大钊同志承认生命是短暂的，所有人都对生命有着无穷的眷恋。因此我们不要被金钱权势所束缚。李大钊同志在文中是这么说的："顾青年之人，或不得常享青春之乐者，以其有黄金权力一切烦忧苦恼机械生活，为青春之累耳。"为什么很多青年没有青春的快乐呢，因为他们的心中只有黄金和权力，这些东西会导致烦忧苦恼、机械地生活。青年人要有一种更高远的眼光，更开阔的视野，不要盯住那些金钱利益。青春这么短暂，我们的生活该什么样？李大钊说生命短暂，因而"为贪来世之乐与青春，而迟吾现世之乐与青春，固所不许"。也就是说现在青春很短暂，若是老想着未来的快乐，从而把现在的快乐和青春耽误了，是不可以的。我们不能老想着把希望寄托在未来，明日何其多？但是"为贪现世之乐与青春，遽弃吾来世之乐与青春，亦所弗应也"。我们也不能只为了现在这点快乐，把未来丢了。既不能为了未来，把现在丢了，也不能因为现在的贪乐把未来丢掉。换句话说，就是要正确处理现在和未来的关系，既要有仰望星空的理想和信仰追求，也要有脚踏实地的实践精神。这是面对生命短暂应有的态度。在这个基础上还要消除恐惧，坦然面对一切威胁与困境，要不为利禄所控，只为耕耘不问收获，要自我修身，永葆进取精神，要不卑不亢，要清心寡欲。总之有为的青年应该做什么？"循蹈乎此，本其理性，加以努力，进前而勿顾后，背黑暗而向光明，为世界进文明，为人类造幸福，以青春之我，创建青春之家庭，青春之国家，青春之民族，青春之人类，青春之地球，青春之宇宙，资以乐其无涯之生。"换一个说法，就是青年要不断自我修身，理性实践，奋发进取，以青春的生命状态创造青春的世界，让自己的生命充满着为他人谋福利的幸福。

　　近代以来，为了改变中华民族的屈辱命运，救亡图存的探索从未停止。无数先进知识分子和仁人志士为民族独立与国家富强进行了各种尝试，但相继失败了。国内有不少人醉生梦死，也有不少人保守僵化，当然也会有很多有良知的人对未来感到无奈，感到绝望。但是中国历史上从来不缺乏埋头苦干的人、拼命硬干的人、为民请命的人、舍身求法的人，他们作为中国的脊梁，从来没有放弃过求索与变革之心。以李大钊、陈独秀、鲁迅为代表的先进知识分子，从不同的角度发出了共同的声音，中国人必须成为新人，中国必须创造新文化，中国的希望在于充满青春精神的青年。所以李大钊这篇文章讴歌的青春就是新鲜、有希望、有追求的精神气质，就是勇于求新、敢于创造、追寻希望、不懈变革的革命精神。哪怕人的力量非常渺小，青春的力量也要有"生死肉骨、回天再造之精神"，"慷慨悲壮、拔山盖世之气魄"。哪怕

青春

李大钊

春日载阳，东风解冻，远从瀛岛反顾祖邦，肃杀郁塞之象一变而为清和明媚之象矣，冰雪沍寒之天一幻而为百卉昭苏之天矣。每更节序，顿勋怀思，人事万端，那堪回首，或则幽阁眷怨，当兹春雨梨花，重门深掩，诗人颔獨倚阑杆之际，登楼四瞩，则千条垂柳未半，黄十里铺青，遥看有色，彼幽闲贞静之青春，携来无限之希望，飘然贡其柔丽之姿于吾前，途逵之青年之前而默许以独享之权利。嗟吾青年可爱之学子乎，彼美之青春，念子之任重而道远也，子之内美而修能也，悚子之劳爱之才也，故而经年一度，展其怡和之颜，钱子于长征迈往之途，冀有以慰子之心也。继子为尽瘁于子之高倘之理想，圣神之使命，远大之事业，颧钜之责任，而夙兴夜寐不遑敢处，亦当于千忙万迫之中，偷隙一昽，爱颜相向，领彼恋子之殷情，赠子之韶华，伸以青年纯洁之躬，跻尝青春之甘美，浴青春之恩泽，永赓青春之生涯致子以青春之我，我之家庭我之国家为青春之国家我之民族为青春之民族斯青春之我乃不枉于遥百千万劫中为此一大因缘与此多情多爱之青春相邂逅于无尽青春中之一部分空间与时间也

块然一躯渺乎微矣，於此广大悠久之宇宙，殆犹沧海之一粟耳，其得永享青春之幸福与否，当问宇宙自然之青春是否为无尽，如其有尽，縱有彭聃之寿，茎且与宇宙齐，亦奚能许我以常享之福，如其无尽，吾人奋其悲壮之精神，以与无疆之宇宙竞进，又何不能之有，而宇宙之果否为无尽，当问宇宙之有无

1916 年 9 月，时任《晨钟报》编辑主任的李大钊在《新青年》第二卷第一号上发表《青春》一文，希望广大青年站在时代前列，做有为的新青年

初紵宇宙果有初乎曰初乎無也果有終乎曰終乎無也。初乎無者等於無初終乎無者等於無終。無終是於空間為無限於時間為無極質言之無而已矣。此絕對之說也若由相對觀之則宇宙為有進化者既有進化必有退化之萬象萬殊焉惟其為萬象萬殊故於全體為個體於個體為一生個體之積如何其廣大而於有限一生之命如何其悠久而於有涯於是有生卽有死有盛卽有衰有陰卽有陽有否卽有泰有剝卽有復有屈卽有信有消卽有長有盈卽有虚卽有吉卽有凶卽有禍卽有福有青春卽有白首有健壯卽有頹老質言之有而已矣莊周有云「朝菌不知晦朔蟪蛄不知春秋」又云「小知不如大知小年不如大年」夫晦朔與春秋而果為有耶又何以菌蛄以外之有生幾經晦朔幾歷春秋者皆知之而菌蛄獨不知也其果為無耶又何以菌蛄不知於宇宙自然之外有菌蛄之知之也是有無之說亦至無定矣以吾人之知小於宇宙自然之年而欲斷空間時間不能超越之宇宙為有無是亦朝菌之晦朔蟪蛄之春秋耳秘覷宇宙有二相焉由佛理言之絕對與相對也由數理言之有與無也由易理言之周與易也周易非以照代立名宋儒羅泌嘗論之於路史。而金氏聖嘆序離騷經釋之尤精微謂「周其體也易其用也約法而論周以常住為義易以變易為義雙約人法則周乃大千之變易大千本無一有更立不定日新日日新又日新之謂也聖人獨能以憂患之心周之塵塵刹刹無不普徧又復塵塵周於刹刹刹周於塵塵然後世界自見其易常故云周易乃大千之變易大千本無一有更立不定日新日日新又日新之謂也聖人獨能以憂患之心周之塵塵刹刹無不普徧又復塵塵周於刹刹刹周於塵塵然後世界自見其易常故云周易」仲尼曰自其異者視之肝膽楚越也自其同者視之萬物皆一也此同異之辨也東坡曰自其變者而觀之則天地地球人类已进入白首，青春的力量也要"柔化地球之白首"，让人类焕发新生。哪怕中国已经老大废落，青春的力量也会让中华重获生机。为了实现青春，有为青年要不辍修身、永远进取、大公无私。

在《青春》一文中，我们鲜明地感受到中国有为青年的主体精神，感受到一个革命者的无穷力量。

李大钊在《青春》的结尾写道：青年要"进前而勿顾后，背黑暗而向光明"。他是这样号召青年的，也是这样要求自己的。李大钊从日本留学回来以后，就投身于新文化运动，与其他知识分子主要在书斋中写作不一样，他从一开始就跟劳工阶级打成一片，深入工人群众之中，指导开办平民夜校，向他们宣讲新思想、新知识，让工人阶级逐渐地觉醒觉悟。十月革命以后，李大钊更是认识到了中国工人阶级的力量，开始研究并传播马克思主义，启发了包括毛泽东在内的许多先进青年走上了马克思主义道路。五四运动以后，李大钊更是在中国系统地传播马克思主义，并且与陈独秀一起推动建立中国共产党。从此李大钊将整个生命投入共产主义事业中。1927年4月，李大钊被奉系军阀张作霖逮捕，最终英勇牺牲。

在李大钊一生当中，他都践行了自己在《青春》中所提倡的，不惜个人利益，愿以青春"柔化地球之白首"，以青春挽救"废落之中华"，最终他为民族独立与人民幸福牺牲了一切。

通过对《青春》一文的整体梳理和介绍，我们可以感受到以李大钊为代表的早期革命者的精神世界。如前面分析所说，这个时候的李大钊在思想上已经具有了辩证唯物主义的意识，这是他后来转向马克思主义的思想基础。李大钊提出的"青春中国"就是充满进取精神的中国；建设青春人类、青春地球，后来也就发展为建设人类命运共同体。更重要的是，他在文中自始至终表现出来的乐观进取、不畏艰难的理想主义精神，成为他一生为革命甘于奉献、不怕牺牲的动力，也激励了一代又一代有志青年为中国的独立富强而奋斗。

今天，在实现第二个百年奋斗目标征程开始的时候，再读《青春》就更使我们意识到青年的责任，我们正在迈向中华民族伟大复兴的新征程，但中华民族伟大复兴不可能一帆风顺，还会遇到各种各样可以预见和难以预见的风险和挑战。这个时候我们就要像习近平总书记教导的那样，我们当代的青年要不负青春，不负韶华，不负使命，以请党放心、强国有我的精神，去创造新的青春中国。我相信李大钊同志九泉之下会感到欣慰，我们也会始终保持着青春，让我们的国家永葆青春，让我们自己永远感受到青春的力量。

铁肩担道义
妙手著文章

——李大钊的"三不朽"

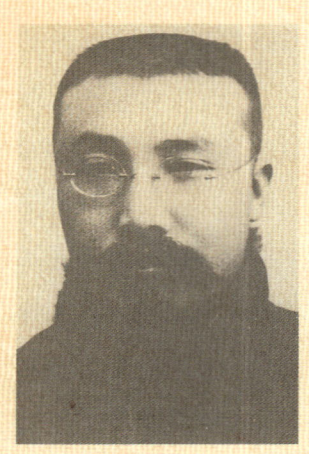

[背景]

  2023年4月23日是世界读书日,也是中国共产党的主要创始人李大钊同志下葬九十周年的纪念日。在北大红楼东南角的图书馆主任室,大家可以看到有一副对联:"铁肩担道义,妙手著文章。"这副对联的书写者就是中国共产主义运动的先驱、伟大的马克思主义者、杰出的无产阶级革命家、中国共产党的主要创始人之一——李大钊同志。而这副著名的对联也正是他光辉一生的真实写照。时光回溯到1917年底,二十八岁的李大钊进入北大,随即出任北大图书馆主任。此后十年间,他在本职工作上如何尽心尽责,以至于被视为"中国近代图书馆之父"?这十年间,他又如何成为中国传播马克思主义第一人?成为伟大建党精神不朽的重要创造者和实践者?

图书馆主任室

讲座时间：2023 年 4 月

主 讲 人：**韩永进**（国家图书馆理事会理事长、中国国家图书馆原馆长）

扫描下方二维码
收听讲座音频

  各位青年，欢迎大家来到《北大红楼读书会》。在中国传统文化中特别注重时空，即时间、地点。今天的讲座就从与我们现在这座北大红楼紧密联系的人和事开始，首先用三段"金句"把我们特定的时间、地点、人物引出来。第一段"金句"是曾经在这座红楼里面工作学习过的罗章龙先生的："北大红楼两巨人，纷传北李与南陈。孤松独秀如椽笔，日月双悬照古今。"这里的"孤松"就是李大钊同志在写文章时用的笔名。那么"独秀"大家很熟悉了，就是陈独秀先生。

第二段"金句"是和北大红楼有密切联系、曾经在此工作过的开国领袖毛泽东同志写的人民英雄纪念碑碑文:"三年以来,在人民解放战争和人民革命中牺牲的人民英雄们永垂不朽!三十年以来,在人民解放战争和人民革命中牺牲的人民英雄们永垂不朽!由此上溯到一千八百四十年,从那时起,为了反对内外敌人,争取民族独立和人民自由幸福,在历次斗争中牺牲的人民英雄们永垂不朽!"我们今天所讲到的李大钊同志,就是这种永垂不朽民族英雄的杰出代表。这个碑文是毛泽东起草的。书丹,也就是现在人民英雄纪念碑碑文上的字迹,是我们的总理周恩来书写的,又是和北大红楼有渊源的一位。

什么叫永垂不朽?这些民族英雄永垂不朽,我们的古人早就说了:"太上有立德,其次有立功,其次有立言,虽久不废,此之谓不朽。"这是第三段"金句"。今天我们讲这些英雄业绩是永垂不朽的,这是从空间讲的。

从时间点上来讲,我们正适逢三个时间点,第一个 4 月 23 日是世界读书日,我们有幸聚在北大红楼这间大教室,一同分享经典名篇。还有一个特别的日子,1933 年 4 月 23 日,是北平革命群众团体为李大钊同志举行出殡的日子,整整九十年了。4 月 28 日是李大钊壮烈牺牲九十六周年的日子,5 月 4 日是五四运动一百零四周年的日子,所以今天我们在这样特别的时间点上,在北大红楼这样一个革命圣地,学习、回顾李大钊等革命先辈先烈是如何读书学习的,又是如何立德、立功、立言的。我们把它的这几个方面稍微调整一下顺序。

第一方面,我们看一看李大钊等革命先辈是怎么立言的。首先讲一下李大钊同志传播马克思主义,立马列主义之言。五四运动以后，各种新思潮纷纷涌现，马克思主义以其高度的科学性和革命性逐渐吸引着越来越多的进步青年。毛泽东同志有句话：十月革命一声炮响，给我们送来了马克思列宁主义。十月革命以后，以李大钊为代表的中国先进知识分子开始在中国传播马克思主义。

李大钊是中国第一个传播马克思主义，并主张向俄国十月革命学习的先进分子。1918年他发表了《法俄革命之比较观》，论述了1917年俄国革命与1789年法国革命的本质区别。他指出，俄国十月革命预示着社会主义革命时代的到来，是世界的新文明之曙光。他满怀信心地预言："人道的警钟响了！自由的曙光现了！试看将来的环球，必是赤旗的世界！"这一句用现在的网络语言来说应该是"金句"了。

特别是1919年，李大钊在《新青年》上发表了《我的马克思主义观》，充分肯定了马克思主义的历史地位，说它是世界改造原动的学说，是根本改造世界最根本的东西。文章系统地介绍了马克思主义唯物史观、政治经济学和科学社会主义的基本原理，此文发表标志着李大钊完成了从民主主义者向马克思主义者的转变，标志着马克思主义在中国进入了比较系统的传播阶段。

那么到1920年，五四运动前兴起的新文化运动，已经发展成为以传播马克思主义为中心的思想运动。在这个过程中，中国南北各形成了一个宣传马克思主义的中心，北方是北京，南方是上海。在北京，1920年3月由李大钊主持成立了北京大学马克思学说研究会，"亢慕义斋"就是这个研究会的办公室和图书馆，又和我们北大红楼紧密相连。在上海，陈独秀于1920年5月发起成立马克思主义研究会，从北京和上海分别向各地辐射，促进了马克思主义在中国的广泛传播，为伟大的中国共产党创建准备了思想条件和组

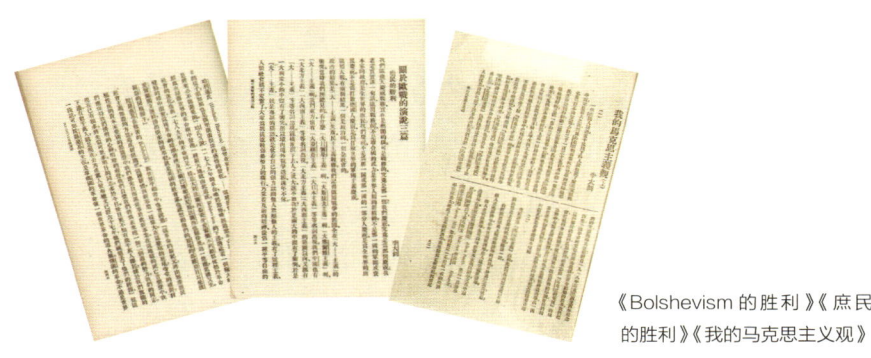

《Bolshevism 的胜利》《庶民的胜利》《我的马克思主义观》

织条件。我们前面看到李大钊为宣传马克思主义所做的贡献,下面就从两位深受李大钊影响的当事人的视角,看一看李大钊对马克思主义宣传的影响力度,也就是他的立言是多么的伟大。

其中一位深受李大钊影响的就是毛泽东同志。1918 年 10 月,毛泽东经杨昌济介绍,认识了北京大学图书馆主任李大钊。征得蔡元培同意,毛泽东被安排在图书馆当试用书记,负责新到报刊和阅览人姓名的登记工作,月薪八块银圆。他时常到李大钊处请教读到的一些传播马克思主义的书刊,并参加李大钊组织的学生研讨各种新思潮的活动。第二次进京以后,即毛泽东同志 1919 年 12 月 18 日率领湖南驱张请愿团到北京,在北京组织驱张活动期间,同李大钊、邓中夏、罗章龙等有密切联系,用心阅读介绍马克思主义的书刊,热心搜寻那时能够找到的为数不多的中文本的共产主义书籍。这时毛泽东较多地受到了马克思主义理论和俄国革命历史的影响,对社会历史的发展有比较正确的理解。

咱们听听毛泽东本人怎么说的。

1936 年,毛泽东在与斯诺谈话时满怀深厚的感情说:"我在李大钊手下担任国立北京大学图书馆助理员的时候,曾经迅速地朝着马克思主义的方向发展。李大钊是我'真正的老师'。"他还说："有三本书特别深刻地铭刻在我的心中，建立起我对马克思主义的信仰。我一旦接受了马克思主义是对历史的正确解释之后，我对马克思主义的信仰就没有动摇过。"

这三本书是《共产党宣言》《阶级争斗》《社会主义史》。从当事人的角度，我们看到了老师的影响、读书学习的影响对青年时代的毛泽东是多么大，决定了他一生的选择，而且就像他说的，一旦接受之后就没有动摇过。

第二位受到李大钊宣传马克思主义影响的是谁呢？就是"为中华之崛起而读书"的周恩来。《周恩来年谱》中介绍，1919年9月21日，就是一百多年前，根据周恩来的提议，觉悟社邀请北京大学教授李大钊来天津讲演，指导觉悟社的活动。李大钊对觉悟社打破封建隔阂，将男女同学组成团体，出版《觉悟》等非常赞许，并建议大家好好阅读《新青年》和《少年中国》上的进步文章，"分类研究各种学术问题"。

我们知道周恩来同志入党的时间也和李大钊同志直接相关。1920年12月，北京大学讲师张申府应法国里昂中法大学之聘到法国。张申府为中共北京早期组织成员，受陈独秀、李大钊委托，旅欧期间负有在旅法华人中发展组织的任务。1921年春，经张申府和刘清扬介绍，周恩来加入旅法中共早期组织。关于周恩来的入党时间，1985年，在中共中央专门批准的《中共中央组织部关于重新确定周恩来同志入党时间的报告》中，确认周恩来参加中共早期组织的时间即为入党时间，也就是在1921年春。我们通过两位当事人的视角看到了李大钊同志传播马克思主义，对中国是起了多么大的影响，也就是他的立言。

李大钊同志不仅是中国共产主义运动的先驱、伟大的马克思主义者，杰出的无产阶级革命家、中国共产党的主要创始人之一，他还是一位学术大家。从1909年至1927年的十几年间里，他留下了五百七十七篇著作文稿和译著，内容涉及哲学、经济学、法学、历史学、伦理学、美学、新闻学和图书馆管理学等许多领域，对20世纪中国的文化建设做出了很大的贡献。我们新近编辑整理的一套《李大钊全集》，是五卷本。

今天我特别想讲一下李大钊对中国马克思主义史学的历史性贡献。其中有李大钊同志的著名历史著作——《史学要论》，最早是1924年商务印书馆出版的。《史学要论》全书一共六章，结构严谨，言简意赅，是系统阐述他史学思想的著作，是20世纪中国史学上最早面世的史学理论著作之一，在中国马克思主义史学发展史上，《史学要论》成为中国马克思主义史学在理论上的奠基石。所以李大钊同志坚定的历史自信，坚定的文化自信，跟他深厚的读书学习，深厚的对中国历史和世界历史的洞察是分不开的。

刚才我们通过一些故事和大家分享了李大钊"三不朽"的第一个方面，这就是立言的不朽。李大钊的不朽文章，不仅具有深刻的哲理，而且文辞非常优美。还有一篇让我特别欣赏和感动，这就是发表在一百年前《新民国》第一卷第二期上的《艰难的国运与雄健的国民》，节选如下：

历史的道路，不全是坦平的，有时走到艰难险阻的境界，这是全靠雄健的精神才能冲过去的。

一条浩浩荡荡的长江大河，有时流到很宽阔的境界，平原无际，一泻万里。有时流到很逼狭的境界，两岸丛山叠岭，绝壁断崖，江河流于其间，曲折回环，极其险峻。民族生命的进展，其经历亦复如是。

人类在历史上的生活，正如旅行一样。旅途上的征人所经过的地方，有时是坦荡平原，有时是崎岖险路。老于旅途的人，走到平坦的地方，固是高高兴兴的向前走，走到崎岖的境界，愈是奇趣横生，觉得在此奇绝壮绝的境界，愈能感得一种冒险的美趣。

2023年3月，重新修缮过的蒙藏学校旧址（中华民族共同体体验馆）正式面向公众开放了。早在中国共产党成立之初，李大钊等革命先驱就曾到此传播马克思主义，这里也是党的第一个少数民族党员的党支部诞生地。当时，李大钊特别重视党在蒙藏学校的工作，把它作为培养蒙藏革命工作骨干，在少数民族中从事革命活动的重要据点。他亲自到学校参加党组织的活动，为大家讲解马列主义，分析国内外形势。1923年至1924年间，就读在蒙藏学校的乌兰夫、奎璧、吉雅泰、多松年、李裕智等少数民族同志入党，是蒙古族第一批中国共产党党员，也是精心培育的革命火种。

另外，李大钊同志曾经还专门指示乌兰夫、多松年、奎璧等同志创办了内蒙古最早的革命刊物《蒙古农民》。这份刊物内容丰富，主题鲜明，题材多样，语言通俗易懂，后来被北方区委作为蒙藏学校的党组织刊物，另外还把它和《向导》周报、《新青年》等革命刊物一同散发到张家口、热河、绥远等地区。通过《蒙古农民》向内蒙古各地群众宣传马列主义，宣传中国共产党的政治主张和民族政策。这份刊物对唤醒蒙古族群众，推动内蒙古地区的革命起了重要的作用。

正如李大钊所说，民族生命的进展遇到艰难险阻时，全靠雄健的精神才能冲过去。李大钊就是拥有这样雄健精神的人。他重视读书，但不"死读书"，而是坚持做到读书与实践相结合。他十分注重马克思主义与中国的实际相结合，十分注重马克思主义与中华优秀传统文化相结合，十分重视马克思主义在中国具体情况下的实际应用，在实践中创造了丰功伟业。讲到李大钊同志的立功，我想截取这样几个历史片段。

第一个历史片段就是李大钊是中国共产党的主要创建人，我个人理解这应该是李大钊同志的第一大功劳。许多影视文学作品中我们都看过一个镜头，就是李大钊赶着马车送陈独秀出北京，在车上共同探讨中共建党的问题，这其实是历史的真实。我们回到历史场景，1920年2月，此时陈独秀被北洋军阀秘密监视，为了送他去南方发挥更大的作用，李大钊决定亲自护送，他乔装打扮后接上陈独秀，遇到城门盘查，从容应对……在此期间，两人达成了应该建立一个共产主义政党的共识，并决定在南北分头着手。其实，这只是李大钊为中国共产党创建工作的一个缩影而已。

1920年4月，李大钊与俄共（布）和共产国际代表进行接触，对在中国建立中国共产党的问题进行探讨；他从1920年初，就与陈独秀商议在中国建立无产阶级政党的问题。1920年4月，是他把来华的共产国际代表维经斯基一行介绍给在上海的陈独秀。此后他又多次与陈独秀通信商议建党问题。"共产党"这个名称，就是在他们的通信中，李大钊同志一锤定音。1920年，继中共上海早期组织成立后，李大钊同志又发起成立了中共北京早期组织。这就是李大钊的立功。

如果说大家对李大钊创建共产党的实践还有所了解的话，那么可能对李大钊在另一条战线的工作知道得比较少，这条战线就是军事战线。李大钊同志是中国共产党最早注重做军事工作的领导人之一，他曾亲自出面做冯玉祥等国民党将领的工作，在国民军中扩大影响发展党组织，推动冯玉祥和一些国民党将领参加国民革命。

也正是在这样的背景下，1924年陈毅同志回国以后担任了中法大学党支部书记，这是陈毅在党内担任的第一个职务，而他的上级组织的直接领导就是李大钊同志。1926年，陈毅就向李大钊汇报，说他遇到留法同学喻正衡，这个人当时正在四川，为军阀杨森高参。杨森看到当时的革命形势，也希望共产党和国民党左派派人去改造他的部队，以便参加国民革命。李大钊在深入了解具体情况的基础上，就正式安排陈毅回四川做兵运工作。到8月，陈毅就带着李大钊给杨森的亲笔信赴四川，开启了他从事革命军事工作的历程。

在李大钊同志牺牲三十年后的1957年，已经成为中华人民共和国元帅的陈毅，专门到万安公墓去凭吊李大钊同志，并写了这样一组诗词，我觉得特别能反映李大钊同志的英雄业绩：

革命思想早，行动守纪律。就义从容甚，大节凛不辱。
计公挥笔阵，前后十三年。先驱好肝胆，松柏耐岁寒。
自学浑不倦，诲人何其勤。没有宗派气，内外从如云。
斗争结盟友，殉难慷慨同。人民柴市节，浩气贯长虹。
屈指捐躯日，迄今三十年。人民大统一，告慰更向前。

通过我刚才讲的这些故事和历史片段，我想大家会对李大钊在这段充满崎岖险阻的道路上所做出的不朽功业有了更多的了解。下面节选《艰难的国运与雄健的国民》的内容：

中华民族现在所逢的史路，是一段崎岖险阻的道路。在这一段道路上，实在亦有一种奇绝壮绝的景致，使我们经过此段道路的人，感得一种壮美的趣味。但这种壮美的趣味，是非有雄健的精神的不能够感觉到的。

我们的扬子江、黄河，可以代表我们的民族精神。扬子江及黄河遇见沙漠、遇见山峡都是浩浩荡荡的往前流过去，以成其浊流滚滚，一泻万里的魄势。目前的艰难境界，那能阻抑我们民族生命的前进。我们应该拿出雄健的精神，高唱着进行的曲调，在这悲壮歌声中，走过这崎岖险阻的道路。要知在艰难的国运中建造国家，亦是人生最有趣味的事……

这段话写于 1923 年岁末。

1927 年 4 月 28 日，奉系军阀张作霖不顾社会舆论的反对，下令将李大钊等二十多名革命者秘密押至北京西交民巷京师看守所刑场，施以绞刑。李大钊面对绞刑架正气凛然，第一个从容就义，时年三十八岁。我们下面就共同进入第三部分——立德。

我想通过以下历史片段看一看我们革命前辈、革命先烈身上所具有的高尚品德。首先我相信大家都看过，就是李大钊同志就义前从容淡定的照片。我觉得这张照片上那双眼睛里看穿了旧世界的腐朽黑暗，洞察着风云变幻的世界，对未来美好世界充满着憧憬和渴望。

1927 年 4 月 6 日，李大钊在北京被反动军警逮捕入狱，在狱中他始终坚贞不屈，保守党的秘密。他的妻女赵纫兰和李星华，也同时被捕了，但他在狱中二十余日绝口不提家事。李大钊同志虽然被敌人杀害了，但他英勇不屈的形象永远活在人民心里，他为中华民族解放，为人民自由幸福而舍生取义的浩然正气和耿耿丹心，将永载史册，与山河同在，与日月齐辉。

李大钊同志并没有明确地写遗言，但留下这样两段文字可以供人追思。一段是《狱中自述》，其中倒数第二段这样写道："钊自束发受书，即矢志努力于民族解放之事业，实践其所信，励行其所知，为功为罪，所不暇计。"再有一段是他写于几年前的一个散文《牺牲》，里面写道："人生的目的，在发展自己的生命，可是也有为发展生命必须牺牲生命的时候。因为平凡的发展，有时不如壮烈的牺牲足以延长生命的音响和光华。绝美的风景，多在奇险的山川。绝壮的音乐，多是悲凉的韵调。高尚的生活，常在壮烈的牺牲中。"

还有一个立德的片段，李大钊是河北乐亭人，自古燕赵多慷慨悲歌之士，多豪侠仗义之风。李大钊作为燕赵儿女，也受此影响，对亲友、对同志、对身边工友，重信义守承诺，遇有困难总是倾囊相助。他生活俭朴，节衣缩食，省下钱来充作党的活动经费，或用来帮助同志，接济贫苦青年。著名的翻译家曹靖华先生，当时在北大俄文系当旁听生，他曾回忆，因为交不起学费找李大钊求助，李大钊立即给北大会计科写了一张条子，从他的薪金中给曹靖华解决学费问题，而且还对曹说，解决了学资问题以后，你还有什么困难可以来找我。

我们知道李大钊同志工作的时候，他的月薪是二百多块大洋。现在有人研究民国时候的房地产，当时北京一座四合院是一千块大洋。但是收入这么多，却常常难以维持家用。蔡元培校长看到李大钊这样一心想的是天下寒士，不顾自己，为了保证李大钊家生活不致发生问题，就专门通知了会计发薪水的时候，先把他家庭日用扣下来，以免李夫人，就是赵纫兰"难为无米之炊"。

李大钊在继承中华民族优良文化传统、开创革命高尚品德、树立良好家风方面，也是我们学习的光辉典范和楷模。

比如他对待婚姻，他的妻子赵纫兰比他大，是家乡的劳动妇女，文化水平不高，还是后来跟着李大钊学的。但李大钊是留日归来的，又是北京大学的知名教授，是文坛名流。刚才我也讲到他有那么大贡献，这时候有人就劝他将糟糠之妻下堂，他断然不肯，始终与妻子相敬相爱。据他女儿李星华回忆，她的母亲和父亲在一起下棋，还在一起聊家常，很是融洽。就是在李大钊的影响和教育下，赵纫兰认识了一些字。

我觉得中国妇女身上所具有的那些优秀品德，都可以在赵纫兰身上得以体现。她和李星华一同与李大钊被捕，在监狱里坚贞不屈。李大钊同志遇难的那一天，提前把她们放出来了，放出来的时候，她就问，我先生怎么样？后来狱警就跟她说，回去看报纸。她们回到家里以后，第二天早晨，是他们家亲戚上街，哭着拿着这份报纸进来了，告诉她李大钊同志遇难了。赵纫兰连续哭昏过去三次，但她后来还是顽强地带领五个孩子一起生活。

李大钊同志遇难以后，一直被停厝在宣武门外妙光阁浙寺，停了六年之后，也就是1933年4月23日，党组织发起了李大钊同志的出殡安葬仪式，而在这一个多月后的5月28日，赵纫兰也含恨离世。

李大钊同志的革命作风也在子女中传承，兄弟姐妹一共五个，大哥李葆华从小就参加革命，后来曾任安徽省委书记和中国人民银

李大钊积极参加北京大学各种社团活动,发起或指导成立许多进步学生团体。图为1920年7月李大钊与少年中国学会部分会员合影,左起:孟寿椿、邓中夏、周炳琳、张申府、陈愚生、康白情、袁同礼、李大钊、黄日葵、雷宝华

行行长,大女儿李星华、二女儿李炎华、次子李光华、小儿子李欣华也都先后参加了革命。一直到第三代,同样了不起,李宏塔同志在安徽任职时,一直秉承革命家风,在建党一百周年的时候,获得"七一勋章"。后来他把获得的"七一勋章"捐赠给了河北乐亭的李大钊纪念馆。他在获得"感动中国人物"时候,颁奖词是这样写的:"作为共产党人革命传统、优良家风的传承人,他始终艰苦朴素、清正廉洁、以严治家,秉持了'革命传统代代传,坚持宗旨为人民'的不变信念。"

今天距离李大钊同志牺牲已经九十六年了,李大钊同志的许多预言早已变为现实,李大钊和千千万万革命先烈、志士仁人为之奋斗的中华民族独立和中国人民解放事业获得了伟大的胜利。中华民族从站起来、富起来到强起来，这样伟大的飞跃，实现中华民族伟大复兴进入了不可逆转的历史进程。今天当历史进入中国特色社会主义新时代的时候，我们更加怀念李大钊同志，更加敬仰他的理想、追求和事业，更加崇尚他的革命精神、革命气概和高尚的品格。李大钊同志是伟大建党精神——坚持真理、坚守理想，践行初心、担当使命，不怕牺牲、英勇斗争，对党忠诚、不负人民的创造者、实践者，更是伟大建党精神的榜样与楷模。

今天我们要继承弘扬光荣传统，赓续红色血脉，向李大钊同志学习，永远把伟大的建党精神继承下去，发扬光大。我们要学习他强烈的爱国主义情怀，以中国式现代化全面推进中华民族的伟大复兴，学习他对马克思主义坚定的信仰，对社会主义和共产主义坚定的信念，坚信马克思主义科学理论；学习他与时俱进，紧跟历史发展潮流，善于用马克思主义的观点和方法，不断探索解决中国特色社会主义新时代出现的新矛盾、新问题；学习他一身正气、两袖清风、大公无私、谦逊虚怀、脚踏实地、勤勤恳恳、处己以约、待人以诚等优秀品格。最后我想用李大钊写于1916年9月《青春》里的一段至理名言结束今天的演讲。

青年循蹈乎此，本其理性，加以努力，进前而勿顾后，背黑暗而向光明，为世界进文明，为人类造幸福，以青春之我，创建青春之家庭、青春之国家、青春之民族、青春之人类、青春之地球、青春之宇宙，资以乐其无涯之生。

毛泽东
《体育之研究》解读

[背景]

  2022年，北京冬奥会成功举办；七十年前，毛泽东为新中国体育工作题词"发展体育运动，增强人民体质"；一百零五年前，二十四岁的毛泽东在《新青年》杂志发表文章《体育之研究》。从"欲文明其精神，先自野蛮其体魄"，到胸怀大局、自信开放、迎难而上、追求卓越、共创未来的北京冬奥精神，一百多年来，中国人走出了怎样一条体育发展之路？

  1918年8月和1919年底，青年时期的毛泽东两次来到北京。毛泽东很喜欢阅读《新青年》。1917年4月1日，毛泽东以"二十八画生"为笔名，在《新青年》第三卷第二号发表《体育之研究》，提出发展体育来救国救民。"二十八画生者，长沙布衣学子也。""二十八画"是"毛泽东"三个繁体字总笔画数，而"生"指的就是青年学生的意思。同学们看这段文字："文明其精神，野蛮其体魄。此言是也。欲文明其精神，先自野蛮其体魄。苟野蛮其体魄矣，则文明之精神随之。"这脍炙人口的名言，正出自《体育之研究》。

  《体育之研究》详述了体育运动的目的、意义和作用，是一篇具有重要历史意义的经典著作。二十四岁的毛泽东为什么会写下这样一篇研究体育的文章？具体讲了哪些内容？一百零五年后，随着北京冬奥会和冬残奥会圆满落幕，我们又以怎样的成绩告慰先人？

北大红楼第三十四展厅

讲座时间：2022年6月

主 讲 人：**侯琨**（国际奥委会文化和奥林匹克遗产委员会委员，中国人民大学人文奥运研究中心研究员）

扫描下方二维码
收听讲座音频

  今天我的心情是很激动的，因为这间教室具有特殊的意义，现在我们所处的位置是北大红楼的第三十六教室，而这间教室具有非常不凡的意义。李大钊、鲁迅生等大家在此讲过课，而你们所坐的位置，在当年就是毛泽东、邓中夏等这些我们从小学习就知道的人物听课的地方。今天我们在这间具有历史意义的教室里，一起来分享和回顾毛泽东同志写于1917年的《体育之研究》，共同来回顾那段岁月。

我想大家都跟我一样，在2022年2月和3月，一起感受了北京冬奥会和北京冬残奥会的过程。北京冬奥会和北京冬残奥会不仅是冬季奥林匹克运动会和冬季残疾人奥林匹克运动会历史上最好的一届，更重要的是通过这届冬奥会和冬残奥会，很好地展现了我们中国在冬季运动上的实力。这次冬奥会我们获得了9枚金牌，冬残奥会我们获得了18枚金牌，都创造了历史。而在这次冬奥会和冬残奥会上，我们还能发现一个现象，就是青年力量和奥林匹克精神的传承。我们不光看到了很多像徐梦桃、齐广璞这样的"四朝元老"在赛场上拼搏，也看到了像谷爱凌、苏翊鸣这样为我们带来更多的青年榜样力量的选手。我们现在可以看到有这么多的青年人作为榜样，促进我们体育运动的发展，让我们能更好地参与到体育运动中去。

在一百零五年前，毛泽东发表了一篇关于体育的专门的论述——《体育之研究》。《体育之研究》是1917年4月，毛泽东同志发表在《新青年》杂志第三卷第二号上的一篇文章。他系统地阐述了体育的目的、意义、作用，而且通过他自己的观点，讲述了体育的功效以及锻炼的方法和最终实施的效果，也体现了青年毛泽东在当时对中国社会的感受，以及对当时中国社会体育的担忧。

这篇文章是发表在《新青年》杂志上的，它是由陈独秀先生在1915年9月创刊的一本进步杂志，从1915年9月到1926年9月，总共发行了九卷六十三号。这本杂志是作为新文化运动的阵地产生的，毛泽东同志很喜欢读。所以他就投稿给了《新青年》杂志，以"二十八画生"的笔名发表出来了，他希望能够有更多像他这样觉醒的青年人,看到当时中国的现状,重视对体育作用的研究以及思考如何能够让自己强大起来。因为当时的中国国力衰弱,尚武之风也不振,所以他希望能够通过这篇文章找到更多的办法来救国救民。

今天我还给大家带来了《新青年》杂志的原件,可能刚才同学们在红楼展厅里看过这本杂志,原件因为确实很珍贵,而且纸张也比较脆弱了,所以我就没有把它打开。但是另外我还带来了影印版的《新青年》杂志,可能大家看到以后挺熟悉。在前一段时间热播的《觉醒年代》这部电视剧里,使用的就是我们的这种影印版。在其中我们可以看到,毛泽东同志以"二十八画生"为笔名,发表了《体育之研究》这篇文章。这篇文章六千多字,是以文言文来书写的,可见他对体育研究之深,对当时中国社会体育问题的分析之透彻。

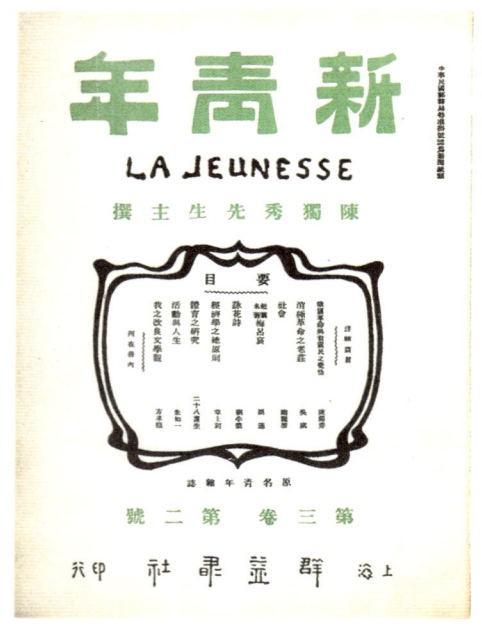

《新青年》第三卷第二号

毛泽东同志在《体育之研究》的开篇部分就指出了国力苶弱，而且强调了体育的重要性。他说："国力苶弱，武风不振，民族之体质日趋轻细，此甚可忧之现象也。"这句话换成我们今天的白话，就是当时的国力衰弱，武风不振，人民的身体日渐瘦弱，这是十分值得担忧的现象。同学们可以看到，其实在那个年代，毛泽东同志已经看到了当时社会的现象。每每读到这篇文章的时候，我就会联想起现代奥林匹克之父顾拜旦先生根据那个年代实际的社会现象而提出的复兴奥林匹克运动的诉求。

　　在体育问题上，毛泽东同志提出"提倡之者不得其本，久而无效"，这就说明实际上当时真正在管理体育的、提出一些体育的方法和管理的人，他们并没有找到真正的办法如何去提升体育，如何能让全民的体质增强。接下来毛泽东就分了八个部分，对体育进行了翔实的阐述和研究。

　　第一部分叫作"释体育"，解释了什么是体育。毛泽东同志理解的是所谓"体育者，人类自养其生之道，使身体平均发达，而有规则次序之可言者也"。因此他说"故夫体育非他，养乎吾生、乐乎吾心而已"。这样的认识在今天看来都是具有超前性的。在跟大家分享之前，我还是想跟大家说一下个人的感受，为什么这篇文章具有这么高的重要性？

　　原因在于毛泽东同志在二十四岁的年龄，就对体育的发展，对于社会的认识具有了清晰的阐述。我们看到他对体育的理解和我们现在对现代体育的理解几乎是一致的。他不光说出了我们锻炼身体和体育的意义，更重要的是也说明了我们从事体育锻炼，让身体强壮以后的目的。现在我们说上体育课，很多时候我们只把体育做到了"体"，而没做到"育"，是把它分割开来的。

体育从最早产生的时候，就希望所有的人是通过身体和心灵有机地结合来从事其他活动，不管是德育、智育，不管是体力劳动还是脑力劳动，还是说社会的文化活动，其实这才是体育涵盖的内容之一。最早的时候说到体育，好像很多人都认为体育是养生之道，这是没错的，但是养生之道完成以后要做什么呢？这就彰显了体育的社会意义和社会价值。我们需要通过体育与社会和周边的人去接触，去交流，通过体育让自己变强大的同时，为自己的社会和国家来贡献一份力量。

我们自己锻炼好身体的同时，才有精力和能力去为社会、为国家做贡献。和平时期，体育实际上也是国家外交和民族实力的一个展现。在刚刚结束的北京冬奥会和北京冬残奥会上，我们也看到中国的运动健儿展现出来我们自己的这种青年的风采，也展现出来中国人对于奥林匹克运动，对于体育精神的一个诠释。

体育从最早讲的让自己身心健全，再到后来提出的更快、更高、更强这种奥林匹克精神，再到当下，在特殊的历史环境下，把更快、更高、更强、更团结的精神融入其中，这一切不光是奥林匹克精神，也是体育精神的体现。如果没有一个好的身体，没有体育的加持，我们可能对这些都无从谈起。所以这篇文章实际上在第一部分"释体育"中已经告诉我们体育到底是什么，体育从何而来，以及体育未来到底能为我们带来什么。以上是关于《体育之研究》第一部分"释体育"的分析。

第二部分就是毛泽东同志阐述了体育在中国社会以及中国文化中的重要地位。当然，他也提出了自己心目中体育应该具有什么样的位置。在青年毛泽东看来，"体育一道，配德育与智育，而德智皆寄于体，无体是无德智也"。这个意思就是体育和德育、智育是相辅相成的，所以他才会说"体育于吾人实占第一之位置，体强壮而后学问道德之进修勇而收效远。于吾人研究之中，宜视为重要之部"。

每次读到这儿我都很兴奋，大家可以想象一下，在一百多年前，毛泽东同志已经看到了德智体全面发展，他强调了体育和德育、智育相辅相成的关系。我们经常讲，好的精神要基于好的身体，只有你自己有一个好的身体以后，你才会有精力、有时间去发展自己的德育和智育。如果没有好的精神，它可能就会在你的身体上有一些体现，如果身体不好，其实也会反映在你的精神状态上。所以我们其实要做到的，首先是要把自己的身体强健起来，因为身体也是革命的本钱。毛泽东同志在很早的时候，他就已经意识到这一点。

这些年我走过全世界所有举办过夏季、冬季和青奥会的奥林匹克国家和城市，在全世界行走的过程中，我自己也有切身的体会，如果你没有一个好的身板，你如何能够完成这项艰巨的任务？每一个国家、每一个地区，其实它的自然条件和社会条件都是不一样的，你如果经不起这样身体上的考验，其实所有的一切都无从谈起。

但是我也发现，如果光有一个好的身体，你自己不去思考，不去尊重别人，其实也是无法完成你自己的目标的，所以这一切其实是相辅相成的。我还想跟大家分享一点我们所讲的奥林匹克精神。

实际上在奥林匹克主义推出的时候，就一直强调身心形的有机统一。身体、心灵和精神代表着什么？如果把身体用"长"来形容，那么我们的心灵应该是一个宽度，精神实际上就是你能达到的一个高度，所以长宽高是我经常来形容这个概念的一个方式。

毛泽东同志在写《体育之研究》的时候，就很好地介绍了这一点，他把三者有机结合在一起，我认为这具有极强的预见性、前瞻性以及洞穿历史的能力。

在分析了体育在中国社会、中国文化中的地位问题以后，《体育之研究》这篇文章的第三部分"前此体育之弊及吾人自处之道"，讲的是历史上中国体育缺失的弊端和我们怎样处理的办法。

在中国近代历史上，我们国家是积贫积弱的，曾经一段时间"东亚病夫"的帽子一直被外国人扣在我们的头上。在那个年代，我们想从事体育锻炼或者想从事体育运动，特别是想参与奥运会，都是非常不容易的一件事。1908年《天津青年》上提出了著名的"奥运三问"，用现在的话讲就是中国人何时能够派出运动员参加奥运会，中国何时能够获得奥运金牌，中国何时能够举办奥运会。

为什么会在那个时期提出这样的问题呢？我觉得跟毛泽东同志阐述体育的重要性有关联。因为在那个年代真的是国力荼弱，百姓的身体也不是很好，所以那个时候我们被人瞧不起。我们的梦想是什么？我们的梦想就是希望我们能够借助参与奥运会，获得奥运会的金牌，来彰显我们自己的强大和民族的振兴。后来我们中国人通过自己的强大，对这些问题进行了完美的回答。

1932年刘长春"单刀赴会"，去美国洛杉矶参加了第十届奥运会，这是中国人第一次参加奥运会。1984年7月29日，徐海峰获得了我们中国奥运历史上的首枚金牌。2008年8月8日晚上，在国家体育场鸟巢举行了北京奥运会的开幕式，完成了我们百年的梦想。其实这一步一步也是我们在实现自强和强大的过程，而体育在其中就起到了非常重要的作用。可我们现在回想一下，这个过程

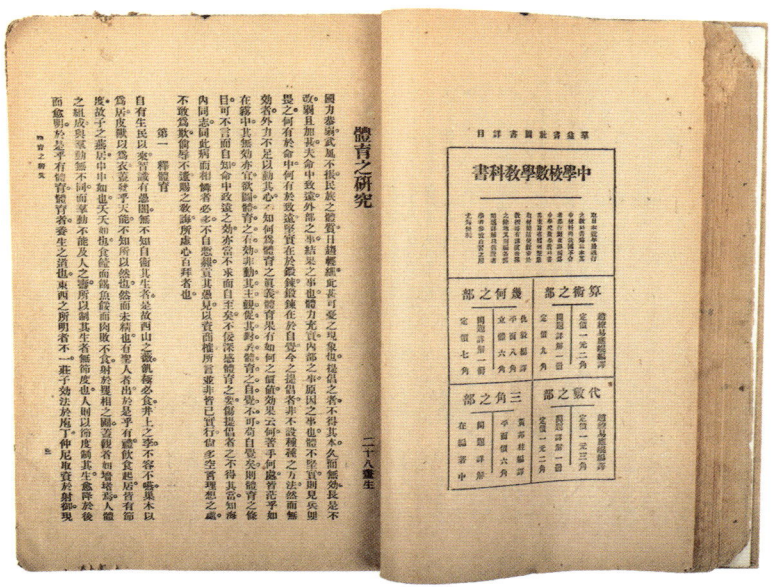

1917年毛泽东署名"二十八画生"发表在《新青年》第三卷第二号的文章《体育之研究》

还是非常艰难的。在那个时候刘长春是如何突破重重的困难，最终抵达洛杉矶去参加比赛，我想大家都听过相关的故事。尽管他的成绩在那个年代已经属于国内顶尖的短跑选手了，可是到了奥运会的赛场上，却连复赛都进入不了，这也说明了当时我们国家人民的身体素质和国外的差距。这就使很多像毛泽东这样的新青年、进步青年，看到了这种需要觉醒的时刻，看到了我们应该靠提升自己的身体素质，靠提升自觉性，来为民族、为国家做贡献。回顾这段历史，这就是一个自强不息的过程。

第四部分讨论的是"体育之效"，也就是重视体育会有怎样的效果？那句脍炙人口的名言"文明其精神，野蛮其体魄"，就出自这个部分。

这一部分就是告诉我们，体育到底有什么效果。我个人的理解，其实不光告诉我们体育锻炼的效果。我们可以回想在那个年代，毛泽东同志写这句话或者写这篇文章的时候，他仅仅是想告诉我们体育锻炼对人的身体的增长，对人的德育、智育的成长的帮助吗？我认为其实不是，它更关键的是想通过这篇文章，通过这个段落，让我们看到通过体育的提升，能够如何帮助当时中国的社会，以及能够与那么多与他有共识的进步青年，一起为我们的国家，为我们的社会做出贡献。

那么体育的效果到底是什么？不只是简简单单的我们现在讲的全民健身，也不简单是我们通过体育锻炼身体就可以了。体育现在已经是人类社会进步的标志，也是我们实现交往的一个重要渠道。我们经常说体育无国界，体育在世界当下的发展中扮演了重要的角色。在刚刚结束的北京冬奥会和北京冬残奥会上，我们看到了来自全世界不同国家、不同民族、不同信仰的人，通过体育这种方式建立了友谊，实现了自己对另外一个国家的了解和尊重。这也是我们现在实现和平的一个重要的措施和方法。

体育也是增强民族自豪感、自信心的重要方式。就像毛泽东同志强调的，只有我们身体强壮了，只有我们的意识跟身体结合在一起了，我们才有更多的时间、更多的精力来为我们现在奋斗的事业而努力。说到这个，我觉得跟我们所有在座的青年学生，包括我自己在内都是有极强的关联性的。

我自己现在也每周有频率、有规则地健身，我也是希望能够通过这种方式来强大自己的身体，让自己有更多的精力去研究这些相关的资料，然后传递给更多的人，也许不可能是所有的人，但是这种方式我觉得我可以带动和影响身边的人。

我想这也是毛泽东同志在写这篇文章的时候，他希望传递出去的。《新青年》杂志作为一本思想启蒙刊物，不一定所有的人都会去读，在那个年代只有具有一定的觉悟或具有共同理想的人才会去读。但是我相信毛泽东他认为，不看杂志的人没关系，不理解的人也没关系，但是往往就是这些跟他有共同的思想，有共同的梦想和奋斗目标的人，他们在看到这篇文章以后，会跟他有一样的想法，会跟他产生共鸣。这样的话，他们这代人，他们这一群人就可以为自己的国家发展，为当时中国的社会贡献力量。事实也正是如此。所有当时看到这篇文章的进步青年，实际上都把它视为对中国体育非常重要的一个研究。

《体育之研究》的第五部分是"不好运动之原因"，第六部分是"运动之方法贵少"，第七部分是"运动应注意之项"，第八部分是"运动一得之商榷"。后面把四个部分串起来给大家讲解一下。

这里面的核心问题是：如何才能够达到体育锻炼的效果呢？青年毛泽东的理解是：一要有锻炼的自觉性，"欲图体育之有效，非动其主观，促其对于体育之自觉不可"。二要有恒，"日以为常，使此运动之观念相连而不绝，今日之运动承乎昨日之运动，而又引起明日之运动"。三要充满兴趣和快乐，"兴味者运动之始，快乐者运动之终；兴味生于进行，快乐生于结果"，所以运动中的兴趣和快乐都是很重要的。

由此他对当时学校中存在的一些不良的倾向，也提出了严肃的批评。比如学校体育课的设置，多存在有形式而无实质的问题；体育课教学"教者发令，学者强应，身顺而心违，精神受无量之痛苦"的问题；教室的光线不足，学校不讲卫生等问题，文中对这些都有很好的阐述。在《体育之研究》第五部分到第八部分里，我建议大家特别关注第七部分"运动应注意之项"，因为这部分的论述里特别强调了持之以恒的重要性。

总之，毛泽东认为体育具有强筋骨、增知识、调感情、强意志，有身心并完的作用。因此国家应提倡体育，对个人来说是养生，但是对国家而言则可以为国。他主张发展体育，从而实现救国救民。

同学们，我刚才给大家讲到的看似是一篇文言文，但是把它变成现在的话讲，我觉得一点都不过时，而且恰恰是我们现在要强调的重中之重。我们看到在一百零五年前，这篇文章实际上强调了体育的功能和效果，甚至告诉我们，应该如何来锻炼。在《体育之研究》最后的一个部分，毛泽东同志甚至提出了六段式的锻炼方式。即便在今天，你如果每天早晚拿出二十分钟来，跟着毛泽东提出的这个方式锻炼，我们也可以叫它毛氏锻炼方式，你会发现自己的身体会很舒服，而且自己的精神也会在锻炼之后得到一个很好的滋养。

《体育之研究》最重要的就是它具有超越时代的特点，洞穿历史，看到未来，具有极强的前瞻性。我们在前文中跟大家分享要身心合一，我们为什么现在还要再把这篇文章拿出来分享？因为在当下的环境，在百年未有之大变局的前提下，我们更要强调我们的身心合一，当下我们处于重要的历史节点，我们的国家处于重要的历史时期，更需要我们的青年人做到身心合一，做到努力，做到自强不息，这才能带来我们所希望的效果，才能创造美好的未来。

习近平总书记曾经强调过，奥林匹克精神，中国人讲的是自强不息的过程，实际上也包含了体育的自强不息。在那个年代跟毛泽东一样的觉醒青年，他们可以自觉地加入体育锻炼，他们可以自觉地进行体育活动，甚至他们也一起组织了我们现在看到的类似于体育社团、体育组织来带领更多的人锻炼。随着越来越多的人加入进来，我们的体制和整个国民的素质也在不断地提升，才有了我们现在的体育大国。我们要从体育大国向体育强国转变，首先要发挥体育的重要作用；其次在身体好的前提下，我们的精神和我们的心灵要配合我们的体育的发展；最后实现的就是我们的全民健康，为国家的发展奠定一个重要的基础。

经过刚才的分析，我想大家都对《体育之研究》这篇文章有了相关的理解。一百多年前，毛泽东是多么希望能引起更多人的共鸣，引起这些和他一样具有觉醒意识的青年的共鸣，来救国救民，我能够感受到他那种对于国家的热爱，对于民族的热爱，以及对于中国社会发展的那份责任感。

我们作为新一代的青年人，现在享受的幸福生活来之不易。我们并不是生活在一个和平的世界，我们只是生活在一个和平的国度。我们今天有机会站在这里，坐在这里，其实都离不开我们先辈们的努力，抛头颅洒热血，为我们带来今天的幸福生活。我们一直在说现在的中国是体育大国，正在向体育强国转变，体育强则中国强，国运兴则体育兴。我们每一个人都是国家的一分子，各位也听过这句话——修身、齐家、治国、平天下。修身是什么？修身首先是建立个人的修养，但建立个人的修养的前提就是要有一个强健的体魄，一个好的身体，因为这是万事万物的根本。所以我们生活在这个幸福的年代，我们赶上了这个幸福的时期，我们更应该为国家的发展而努力。在当下你们这个时期，大家还是应该多参加体育锻炼，通过强大自己的身体，进而健全自己的内心和精神，让自己能够成为为时代做出贡献的人。我想这也是毛泽东同志在撰写《体育之研究》的时候希望看到的一点。我们共同努力，就像我们北京冬奥会的口号一样，一起向未来，为中华民族能够屹立在世界民族之林而努力奋发。

《体育之研究》和奥林匹克运动有什么共性呢？我们讲《体育之研究》实际上它强调身心合一。这个和现代奥林匹克运动一直倡导的身体、心灵和精神有机结合是相辅相成的。我们在一开始就讲到，这篇文章是1917年毛泽东同志发表在《新青年》上的，在那个年代他对体育的认识和我们现在提出关于奥林匹克的理解也是一致的。虽然进步青年在当时的中国社会不是占大多数的，但正是由于他这种坚持的理念，就像他说体育锻炼要持之以恒一样，先影响了一部分人，然后才能影响整个民族。

奥林匹克运动在复兴之初也是一样的道理。在1894年国际奥委会成立的时候，现代奥林匹克之父顾拜旦的"粉丝"也很少，他也不知道他的这种理念能否得到大多数人的认可，但是他和毛泽东是一样的想法，只要这种理念是对的，只要它能够影响未来的世界，他就会坚持下去。所以现在我们通过品读这篇文章，还能有一点感受，也许你现在提出的很多的思想主张并不为大多数人所认可，但若这种主张具有前瞻性和洞穿历史的能量，未来可能获得认可并延续。体育讲自强不息，奥林匹克精神讲的也是自强不息。

从1932年刘长春"单刀赴会"，一直到我们举办2008年北京奥运会，还有最近我们刚刚成功举办的北京冬奥会，这也展现了我们中国人对于奥林匹克精神，对于体育精神的理解，我们一直在付诸实施。大家可以看到，我们中国人对于奥林匹克运动，对于奥林匹克价值观的践行，走在全世界前列，为什么呢？我想重要的一点就像我们北京冬奥会的筹办举办的愿景之一，点亮青年梦想。

通过举办奥林匹克这种赛事，让更多的青年人参与到奥林匹克运动中来，参与到体育锻炼中来，强身健体，从而能够为我们国家未来的发展奠定民众基础，奠定青年基础。在一百多年前，顾拜旦也同样提出过，青年才是社会变革的主要力量，因为青年人主导了社会发展的方向。所以我们现在看，奥运会是什么？奥运会就是对过往的朝圣和对未来的信念。毛泽东同志在《体育之研究》这篇文章里，他提出的之前存在的体育方面的问题，以及具体的锻炼方式，给我们提供了很好的示范。这种洞穿时代的想法，这种前瞻性，其实对我们现在体育运动的发展，对于奥林匹克运动的发展，都具有很强的引领作用。

今天我们再回过头来看的时候，《体育之研究》和奥林匹克精神实际上是一脉相承的。虽然它们由分属不同的国家、不同的人、不同的群体提出，但是我们发现它们是有共性的。这也是现在我们中国人要强调奥林匹克精神，要践行奥林匹克价值观，为世界奥林匹克运动特别是世界和平做出贡献的原因。这跟我们提出的构建人类命运共同体也是息息相关的。

我们现在所处的时期，体育不只是体育，体育实际上可以影响到社会的方方面面，可以影响到我们每个人的发展。所以我们为什么不去实现自己的强大，为什么不去帮助国家实现自己的强大呢？我们应该为我们是一个中国人感到骄傲，我们更应该让我们的国家为我们的强大而感到骄傲！我认为这可能就是我们体育精神的体现，这可能也是我们作为一个中国青年肩负的一个重要责任。

鲁迅，
与我们息息相关的风景
——解读鲁迅在北大红楼

[背景]

  在北大红楼主题展览的第十一展厅，讲述新文化运动的内容中，有一个名字大家非常熟悉，他就是鲁迅。他本名周树人，1918年5月，三十七岁的他在《新青年》第四卷第五号上，第一次使用"鲁迅"这个笔名发表了中国第一部现代白话文小说《狂人日记》。在小说当中提到，"我翻开历史一查，这历史没有年代，歪歪斜斜的每页上都写着'仁义道德'几个字。我横竖睡不着，仔细看了半夜，才从字缝里看出字来，满本都写着两个字是'吃人'"，真实揭露了封建礼教吃人的本质。这篇小说在中国近现代小说史上有着极其重要的地位和影响。从1920年开始，正是在北大红楼的教室里，他开始讲授中国小说史。

  除了《狂人日记》，鲁迅对新文化运动还做出了怎样的贡献呢？在这北大红楼里，他又留下了哪些经典的著述和演说？让我们一起来到北大红楼，在百年前鲁迅曾经授课的大教室里，重读鲁迅。他，不是远离我们的存在，而是一道与我们息息相关的风景。

北大红楼第十一展厅

讲座时间：2022年7月

主 讲 人：**孙郁**（中国人民大学教授，中国鲁迅研究会原会长，北京鲁迅博物馆原馆长）

扫描下方二维码
收听讲座音频

  各位同学，我们今天在北大红楼重温过去的一段历史，了解鲁迅与北大红楼的故事，也跟大家交流一下关于鲁迅先生的思想特点。新文化运动最显著的标志就是民主和科学，这个旗帜对后人的影响是非常之大的。在这里面，鲁迅先生对这两个概念的理解可以说是非常深切的，应该说在1907年，鲁迅先生就已经在自己的文字里表达了对民主和科学的认识。十年之后，当陈独秀、胡适等人举起这个大旗的时候，鲁迅先生觉得这是自己年轻时候曾经思考的问题，开始并不以为意。之所以他被新文化运动的这些同人，《新青年》杂志的同人引入队伍里面来，是因为当时的社会环境。我们知道鲁迅先生在1912年来到北京，他在教育部工作，其中跟北大的老师们有很多交往。在交往的过程中，他就发现北大的这些教授，他们有很多人的思想跟自己年轻时候的思想是比较接近的，他有一种好感。因此在新文化运动初期，他在朋友们的感召下就写了大量的文章。

1907年，二十六岁的鲁迅在日本就写下了很多关于科学问题、关于人道主义问题的思考的文章，这些文章主要介绍了域外的学术思想、科学思想史以及艺术的精神，有《文化偏至论》《摩罗诗力说》《科学史教篇》等。在青年鲁迅看来，中国最缺少的是一种科学的精神。我们有几千年的文明，但我们的科学发展是缓慢的，虽然也有很多的发明，但是和西方的近代文明比，我们的科学是欠缺的。所以他在看了大量的材料之后，就写了《科学史教篇》，系统地介绍了西方的科学技术发展的历史。与此同时，鲁迅先生也考察了古希腊以来西方文明发展的脉络，从古希腊的哲学到近代的德国哲学，他有了很深切的这样的一种体味。所以最后他就发出了一种感叹，说我们中国的文化要发展，我们一定要彰显个性，自下而上生长，这样我们的文化才会有希望。

所以当时他在《文化偏至论》里边，就强调了这样的一种立人的观点，说"其首在立人，人立而后凡事举。若其道术，乃必尊个性而张精神"。就是说个性和精神是非常重要的。所以后来他在《摩罗诗力说》这篇文章里面，介绍了很多浪漫主义诗人的作品，这些诗人的作品，这种摧枯拉朽式地表达个性精神的诗文，让鲁迅非常神往。

在总结西方文化和艺术发展历史的过程当中，鲁迅有两个感想，第一个感想就是我们中国文化要跟上世界的潮流，我们中国文化要屹立于人类文明之林当中。首先我们要"外之既不后于世界之思潮"，就是外，我们不要落后于世界的思潮；"内之仍弗失固有之血脉"，就是内，我们不要失去古老的文明，那些最弥足珍贵的遗存。"取今复古，别立新宗。""取今"，把今天最优秀的这种文化精华，把古代的这些好的遗产，嫁接在一起；"别立新宗"，创造一个新的思想的大潮，这是鲁迅先生的一个感想。另外一个感想叫文化发展、社会的发展一定不要走极端，我们既要有科学的文明，也要有精神的文明，有科学的精神，也要有这种人文的精神。所以他说既要有康德这样的哲学家，有牛顿这样的科学家，也要有像贝多芬这样的艺术家，这是不可或缺的，是并行不悖的。所以这两个感想使鲁迅先生知道自己要做些什么，寻找些什么。所以回国以后他做的事情也是这样，他既高扬科学的旗帜，同样也发扬人文的精神。

但是在1917年的中国，当时还显得很沉闷，思想界很难看到那种灵光一现的现代人文的思想，科学更不用说了，都不发达。所以当陈独秀、胡适他们振臂一呼，搞起新文化运动的时候，过了一年，鲁迅就成为他们的好友，加入《新青年》的队伍，写了大量的文章。这些文章可以说是《新青年》杂志里非常有亮点的存在，今天读起来依然让我们感动。

鲁迅先生在加入《新青年》之前，他有一段沉默的时期，他为什么加入这个队伍？我刚才讲了中国当时太沉闷了。还有一个原因就是他觉得中国的读书人，包括从西洋留学回来的人，他们满脑子老师教给自己的东西，但是这些理论不能够切合到中国的实际。所以鲁迅发现这些留学生有一些人是洋腔洋调，他不喜欢。但是鲁迅在《新青年》杂志的时候，他对陈独秀和李大钊的印象是很好的，因为陈独秀这个人很率真，而且他不掩饰自己的观点。你看陈独秀的字就非常狂放，这种狂放我们在鲁迅的杂文里也能够感受到一二，也就是说这两个人的表达里面有相通的地方。而李大钊，鲁迅认为他很和善，鲁迅也很喜欢。

当时在北大红楼，最火的是胡适。胡适那个时候了不得，他的课讲得也好，学问也与常人不同。可是鲁迅不太喜欢胡适这个人，胡适上起课来滔滔不绝，人很帅，文章也"一清如水"，鲁迅为什么对胡适兴趣不大呢？我想有这么几个原因，在《新青年》队伍里边，胡适在面对现实的难点的时候，他不像陈独秀和李大钊那样决然，那么鲁迅感觉到这种温暾的态度不是现在知识分子应当具有的。胡适的审美停留在典雅的、古典的这样一种层面上，非常安宁，非常规矩。鲁迅的文章有的时候是不按规矩来的，是超越了世俗世界、感知世界的那种方式，而胡适他就是在一板一眼的这样规范的逻辑里面来思考问题，这也是鲁迅不太喜欢胡适的一个原因，因为他们在方法论上不一样。不过早期他们的关系还是不错的，后来两个人分道扬镳。

我们说鲁迅是《新青年》的主将之一是有根据的。《新青年》的主将当然是陈独秀，其实在这个杂志上刊发文章最有亮点的应当是鲁迅先生，这个是大家公认的。鲁迅在《新青年》发表的文章是很多的，有诗歌、小说，还有翻译作品。我们说他是一员猛将，就是因为他在当时的这些众多的作品里面表现了三种思想，我觉得是特别有意味的。

第一个就是他对国民性的批判和对传统文化负面元素的批判，

这个是很深刻的。鲁迅先生强调要以幼者为本位，而不是以长者为本位，他在《我们怎样做父亲》的文章里面就谈到了这样的一些观点。在小说《狂人日记》里面，他说传统的仁义道德对年轻人，它有一种戕害的作用，这个是跟鲁迅自己的家族和幼时的记忆有关的，那个时候的传统文化是凝固的，尤其是把儒教变成控制人思想的工具的时候，年轻人的生活是黯然无光的，鲁迅通过作品批判了中国传统文化这些负面的东西。

第二个就是鲁迅先生在《新青年》杂志上翻译介绍了大量的文学作品和域外的一些文艺理论的思想。鲁迅先生首先是一个翻译家，其次才是一个作家。鲁迅一生翻译的作品的数量远远超过自己写作的作品的数量，当时他翻译了尼采的《查拉图斯特拉如是说》的序言，翻译了武者小路实笃《一个青年的梦》，他对于俄国文学、日本文学和东欧"弱小民族"文学情有独钟。所以鲁迅他自己的写作，无论是小说还是杂文，里面所表现的那种个人的精神、博爱的精神以及对于中国底层百姓的那样一种慈悲的感觉，一方面受到了传统文化的影响，另一方面是跟读了大量的域外文学作品有很大的关系。所以他在北大上课的时候就讲过，他自己翻译的文艺理论的书，这是很有意思的。

第三个就是鲁迅先生在《新青年》杂志上不断地鼓舞年轻人走自己的路，要有一种变革的意识。他希望年轻人不要沉浸在古老的文脉里边，要走自己的路，他说"什么是路？就是从没有路的地方践踏出来的，从只有荆棘的地方开辟出来的"。所以在《新青年》杂志上，鲁迅先生所写的这些作品，在话语方法上完全不同于古人，也不同于陈独秀和胡适这些人，鲁迅有他自己的一套话语方法，从来不是只有是或者不是。他在说是的时候，他

1918年5月，鲁迅首次以该笔名在《新青年》第四卷第五号上发表中国第一部现代白话文小说《狂人日记》，揭露封建礼教"吃人"的本质，成为把文学革命的形式和内容相结合的典范，在中国近现代文学史上有着重要的地位和影响

新文化运动中的鲁迅和他写作《狂人日记》时的寓所
——北京南半截胡同4号绍兴会馆

会紧跟着一句去修订它,就是很可能这个是会变成不是,这个是他的表达方法。这个话语逻辑是我们只有在尼采、在陀思妥耶夫斯基,再后来在萨特和卡夫卡这样的文本里才能感受到的。鲁迅在那个时候就创造了一个奇特的表达格式,但是当时能够跟上鲁迅这种思考节奏的人是很少的,所以《新青年》同人们羡慕鲁迅文笔的这样一种高妙峻急之气,但自己却难能达到这样的一种高度。

通过这上面的介绍,我们就会感觉到鲁迅在《新青年》时期,他以自己这种独特的智慧、方式和词语的表达,构成了和中国当时的现实对话的这样一种关系。这个时候他跟同人们一起批判旧的思想,引入民主和科学的精神,并引导着年轻人在没有路的地方走路。这种思想,这种引领的示范作用,对后来中国的新文化运动的发展起到了很重要的推动作用。可以看出鲁迅的率真、深

鲁迅在《新青年》第六卷第五号发表《药》

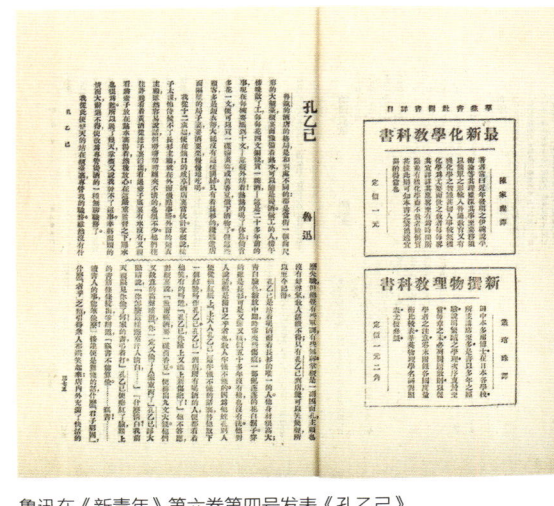

鲁迅在《新青年》第六卷第四号发表《孔乙己》

鲁迅《随感录》手稿

切，应当说他在《新青年》时代所写下的文章成了后人不断研究的经典。

1920年鲁迅被北京大学聘为讲师，在这里授课，鲁迅那么有学问，怎么才是讲师？很多人在问这个问题。当时蔡元培作为北大的校长有一个规定，外校聘过来的人，还不能够给教授的待遇、称号，这是一个说法。其实他来北京大学跟蔡元培关系很深。我们知道鲁迅到教育部工作是他的绍兴同乡介绍的，因为蔡元培也是绍兴人，那么蔡元培做了北大校长的时候，他就请鲁迅设计了北大的校徽。鲁迅是研究金石学的，他对于我们中国古代的这些出土的文献是非常喜爱的，也非常关注。他设计北大的校徽，其实是受到了瓦当造像的影响，特别是战国的瓦当的那种纹饰。他跟蔡元培先生在教育部工作的时候（蔡元培原来是教育部的教育总长，后来到了北大），他们在教育部的时候经常地讨论瓦当造像、汉代造像、六朝造像这样的一些相关的话题。蔡

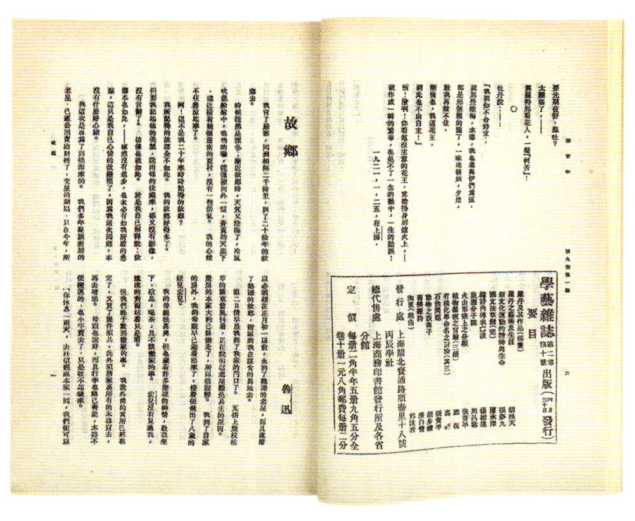

鲁迅在《新青年》第九卷第一号发表《故乡》

元培发现一般人研究古代造像的时候都是注重它的内容,鲁迅不仅注重内容,还注重它的表现形式。所以后来鲁迅设计了很多书的封面,都是从古人的纹饰里面受到的启发。那些图饰都非常有趣,非常生猛和鲜活。鲁迅给北大设计的校徽,今天还在用,那是很有意味的。其实蔡元培知道鲁迅的国学修养是超出常人的。所以北大请他来讲学,应当说蔡先生自己心里也是很高兴的,有这样的一个临时加盟的讲师,一定会提升大家的知识水准和审美水平。

那么鲁迅在北大授课主要讲什么?也是因为当时授课需要有人讲小说史,没有人能够胜任这样的一个工作。大家知道鲁迅年轻的时候就整理中国古代小说的材料,所以他对小说是非常有研究的。中国小说史这门课非常精彩,他自己曾经整理过中国小说的文献资料,中国第一个系统整理中国古代小说文献的就是鲁迅先生。他讲中国小说史的时候,一路讲来,从神话讲到明

鲁迅为北京大学设计的校徽

清小说，每一部分都非常精彩，因为这些材料都在他脑子里，他知道不同时期中国小说的特点，中国小说为什么是这样的而不是那样的。要知道鲁迅在讲中国小说史的时候，他在写小说，他在翻译小说。一个整理小说资料，又在写小说，又在翻译小说的人在讲小说史，那是多么有趣。而鲁迅之后再无此人。现在大学里面有些作家在讲小说，但是这些作家是翻译家的很少；有些学者在讲古代小说，但是他们没有写小说的经验。鲁迅是三种经验合一，所以他的目光如炬。那些沉睡的历史片段，经由鲁迅的目光的点染一下子就活了起来，所以在课堂上讲得非常之生动。比如讲到《红楼梦》，他说自从《红楼梦》出现，传统的写法就打乱了，不再是好人都是好人、坏人都是坏人这样的写法。"悲凉之雾，遍被华林"，鲁迅对大观园里的盛衰，对人的命运的起落的那种理解，至今想来依然让人称道。

所以小说史，应当说中国自古没有小说史，到鲁迅开始才有了真正的一部小说史。在北大从1920年至1926年这几年间，他讲授中国小说史，可以说给中国学术界带来了一本珍品，他的讲义到现在我们看起来依然是难以跨越的。据著名的诗人冯至、著名的小说家王鲁彦，还有著名的诗人孙席珍的回忆，鲁迅在讲课的时候，他是忽而中国，忽而域外（西方和日本），忽而当下，忽而昨天，而且很幽默，不像我在这里一本正经地给大家讲。

鲁迅讲课，课堂里面经常爆发出掌声，还有一些笑声，这是很有意思的。开始听课人不多，后来国文系的同学，再后来外文系，还有学校外的学生，听课的人是越来越多。可以说北大当时的课堂里，鲁迅的课是听众最多的课程之一。因为鲁迅身上没有学究的迂腐之气，他懂得中国的艺术史，又在不断翻译域外的小说和文艺理论，所以他的思想是敞开的，他的词语是鲜活的，他的感知像流水一般，他所带来的思想流水一般冲刷着当时的青年学生。这种非正襟危坐气，这种充满了冒险的审美意识的表述，让很多年轻人由此走上了文艺创作的道路。可以说这几年间的授课培养了很多的青年，这些青年直到晚年回想到鲁迅给自己的教育的时候，都非常感念。

在当时，北大的很多教授对鲁迅还是不以为意，虽然知道他是一个新文学的作家，但是对于他的魅力，他的辞章的这种魅力和人格的魅力了解得不多。除了少数几个同门对他熟知，还有几个《新青年》的编辑对他了解以外，大部分是不了解的。但是年轻人很喜欢他，很愿意跟鲁迅交往，鲁迅对年轻人有一种天然的爱意在里边。他后来不断地跟形形色色的知识人论战，但他周围的朋友大部分是年轻人，在北大，他的一些学生和他的关系非常密切。我想介绍三个方面。

第一个就是鲁迅先生积极地支持新潮社的工作，在北大红楼一层，新潮社这些青年办杂志，刊登了很多的文章，鲁迅非常支持他们，重视这个新潮社。傅斯年、罗家伦都是五四运动非常积极的青年，还有江绍原、孙伏园、杨振声、俞平伯等等，他们在《新潮》杂志强调的是新的思想，介绍外国的知识，就是一种新知的普及。但鲁迅认为除了介绍这些域外的思想，还要发议论，要表达你们对世界的看法，表达对于中国学术、中国艺术的看法。他与许多学生的关系是很密切的，比如冯至，当时鲁迅认为他是中国最优秀的抒情诗人。他在北大听鲁迅的课，鲁迅就支持他们办的文学社，冯至他们搞的沉钟社，鲁迅给予了很多的支持，包括之前在上海举办的浅草社。后来沉钟社和浅草社有一些交织在一起，鲁迅积极地支持他们的创作，和年轻人非常好。三一八惨案的时候鲁迅被通缉，鲁迅当时避难，有一天晚上临时回家，避难完了还要走。这时候突然间有人敲门，几个年轻人进来，这几个年轻人不知道鲁迅受到通缉，鲁迅和他们很耐心地聊天，听他们对于时局对于艺术的看法。等到学生走了以后，鲁迅继续避难。本来可以不接受学生的来访，但是一听到是年轻人，是北大的学生，鲁迅就非常兴奋，愿意和他们在一起。

第二个就是鲁迅支持了北大教授和学生们的一些文艺活动，比如北大的教授，还有几个学生在东安市场成立的《语丝》周刊。鲁迅积极为他们供稿，写了很多的文章，《语丝》周刊的主力就是鲁迅兄弟两个人，在上面发表了大量的文章。而且鲁迅有很多的思想，是因为看了青年人的文章受到启发的，可以说是教学相长。比如鲁迅关于《坟》的印象，他是看了青年朋友翻译的文字受到启发的，所以鲁迅后来成为一个马克思主义者的时候，他看问题，不是在象牙塔里依傍在一两个人的学术思想里边，他是采集了各种各样的资源，形成了自己独特的判断。年轻人和鲁迅在互动中增长了智慧，有了一种写作的勇气。

第三个就是年轻人对鲁迅的印象是非常深的。当1926年鲁迅离开北京的时候，北大的一个学生在日记里面就写到，鲁迅要离开北京了，他说不是每一个人一写作就可以成为托尔斯泰，就是说鲁迅其实就像是托尔斯泰那样的一个作家。当时还有一个翻译家叫韦素园，后来鲁迅已经离开北京的时候，他在西山养病。他的床头放着两个人的头像，一个是陀思妥耶夫斯基的头像，一个就是鲁迅的头像。鲁迅在世的时候，年轻人就已经把鲁迅当成陀思妥耶夫斯

鲁迅，与我们息息相关的风景

《语丝》第十期，鲁迅发表《希望》

《语丝》第一期，目录中可见鲁迅发表了《论雷峰塔的倒掉》

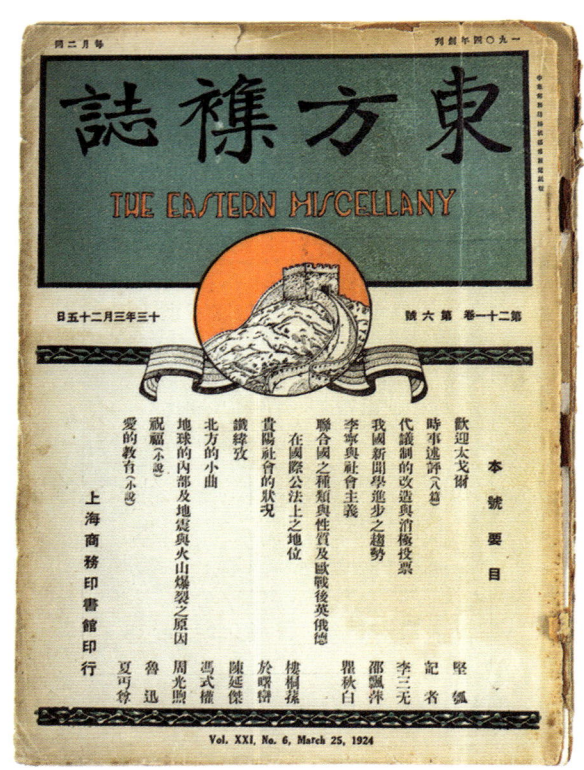

《东方杂志》第二十一卷第六号，鲁迅发表了《祝福》

基这样伟大的灵魂的审问者，所以他是青年的朋友，也是青年的导师。

但是鲁迅是不愿意青年人称自己为导师的，他很讨厌"导师"这个词。就像《语丝》周刊的人很讨厌用"教授"这个称号来称呼自己，说自己是"学匪"。鲁迅在《导师》这篇文章中说："青年又何须寻那挂着金字招牌的导师呢？不如寻朋友，联合起来，同向着似乎可以生存的方向走。你们所多的是生力，遇见深林，可以辟成平地的，遇见旷野，可以栽种树木的，遇见沙漠，可以开掘井泉的。"他说不要去寻找什么导师。青年要回到自身成为自己。鲁迅和年轻人在一起，他说连自己的路怎么走他都不知道，怎么能给你们当导师。所以他和年轻人一起讨论一起研究，在年轻人的身上，他看到了中国的未来。

鲁迅是如何看待北大的？他来到北京时，北大正在发生一些变化。新文化运动出现之后，北大知识界其实也是有所分化的。到了1925年，北大成立27周年，当时有人请鲁迅写一篇纪念文章，鲁迅就写了《我观北大》。他说："惟据近七八年的事实看来，第一，北大是常为新的……"就是说，北大之所以有魅力，它是一个新思想的聚集地，它不是陈腐的、没落的知识分子的平台；它不是士大夫这种旧时知识分子聚集的平台，它是现代知识分子的园地。"第二，北大是常与黑暗势力抗战的，即使只有自己。"北大的这种战斗精神是从陈独秀、李大钊沿袭下来的传统。鲁迅对这种精神是礼赞的。但是随着局势的发展，特别是1927年之后，中国文化和政治南移，帝京沉静下来。北大的许多教授开始回到象牙塔里，他们早先的那种锋芒，内敛到书斋里面，他们开始跟古人对话，做学问。这个当然很重要，北大的学生其实一直到1949年，读书不忘救国，一直是他们思想上挥之不去的存在。但是大学的教员，大学的风气里面会感觉到那种学究气越来越浓。

对于大学里边，大学教授只问学术而不问窗外之事，鲁迅是有微词的。当知识分子、学者只懂得自己的专业，而没有现实情怀的时候，他的学问也是容易打折扣的。培养的学生如果没有现实感，他到了社会之后很可能丧失独立思考的能力。

鲁迅1926年离开北京，1927年先到了厦门，后来去广州又到上海，因为他母亲还在北京，他经常回来探亲，回来过几次。他回来的时候很多人都请他去演讲，比如说，朱自清就曾经请鲁迅去清华演讲，有的学生也去请他来北大演讲。有一次鲁迅就被北大的朋友请过来，做了一个讲演叫《帮忙文学与帮闲文学》。当时国民党专制，鲁迅看得很清楚，而知识分子如果这个时候沉默下来，或者说微笑地参与到统治者的活动里面去帮忙和帮闲，鲁迅认为这是非常悲哀的事情。

那个时候鲁迅已经成为左翼作家联盟的一员，左翼的一个斗士，他强调的是一种战斗的精神，所以他这个时候对以他的弟弟周作人为首的京派学者就颇有微词。京派学者经常在文章里讥笑一下鲁迅，鲁迅在上海偶尔也写几篇文章，批判京派的学人。鲁迅觉得北大已经被京派学者占据的时候，那么五四的精神就式微了，五四的传统不再像大潮一样席卷人们，它落潮了，所以他心里有一种深深的悲哀，鲁迅对北京大学是寄予着深厚的期望的。

许多年后，当北大成立一百周年校庆的时候，我记得有一些学者在文章里面深切地怀念了鲁迅的思想对北大的重要性。他们都从鲁迅的文字里感到了一种亲切，一种历史的回音，觉得鲁迅的那种姿态在今天依然是重要的。

鲁迅先生给我们后人留下了什么遗产，或者说给青年人留下了什么遗产呢？我觉得第一点就是一种开放的文化精神，它不是从民族主义或者从西洋的单一的文化背景来思考问题，它是开放的，强调的是人的个性的张扬、思想的通达。张开眼睛看世界，这是鲁迅给我们留下的重要遗产。

第二点，他在学术上的这种突围的精神，能够深深地沉浸在传统文化里边，又能够跳将出来，用一种"通天之眼"来俯瞰我们固有之文明，发现了存在的隐秘和人世间的隐秘。他的这种方法和传统的治学方法有相似的一面，又有不相似的一面，他创造了一种另外的感知世界和描述世界的话语方式。

  第三点也就是最后一点，我个人认为是鲁迅的大爱精神。他对年轻人，对祖国的未来那种态度，他主张培育泥土，说天才哪里来，他需要一代又一代人不断地培育泥土，所以鲁迅是甘愿做人梯，愿意做年轻人的朋友，他的这种思想今天想来依然让人感动。

  我觉得鲁迅的遗产，他的精神遗产当然是多种多样的，我们今天不能够一一道来，但至少这三点一直让人们怀念。所以我想鲁迅与北大，鲁迅与我们息息相关的风景，不仅仅是北大的一个风景，也是与我们民族、我们年轻人相关的这样一种精神风景。他伴随着我们，才能使我们摆脱外在的功利的束缚，去寻找我们的民族之光，寻找人类的一条光明的大道。

红楼内外的邓中夏

[背景]

　　一百多年前,在北大红楼里,有一个身影奔波忙碌,他就是中共北京早期组织主要成员、中国社会主义青年团主要创建人、少年中国学会实际领导者邓中夏。

　　1917年,二十三岁的邓中夏进入北京大学学习。此后数年间,这座北大红楼见证了他的思想逐渐走向成熟。离开北大红楼后,邓中夏投身革命运动,成为马克思主义理论家、工人运动的领袖。1933年5月,他在上海不幸被捕,同年9月21日黎明时分,在南京雨花台下,邓中夏高呼着"中国共产党万岁!"的口号,昂首走向刑场,英勇就义,牺牲时年仅三十九岁。

　　在建党初期,邓中夏发挥了怎样的作用?为何说他是李大钊最得力的助手?在北大红楼的数年生活,到底给了他怎样的精神动力?他为何会成为五四运动中走在队伍最前列的先锋队旗手?党的一大开幕前夕,从设计会议议程到安排毛泽东、董必武等代表的住所,邓中夏事无巨细,可为何他最终没有参加一大?在中国共产党的建立和一大召开过程中,他又发挥了怎样重要的作用?在得知自己第二天就要牺牲的消息后,为何邓中夏仍然能从容地给监狱里的同志们上党课?

北大红楼第五十二展厅

讲座时间：2022 年 11 月

主 讲 人：**何建明**（中国作家协会原副主席、著名作家，三获鲁迅文学奖，五获中宣部"五个一"工程奖）

扫描下方二维码
收听讲座音频

  各位青年，非常荣幸地给大家讲讲我所了解的红楼内外的邓中夏。我在北大红楼这个院里工作了八年时间，这曾经是中国作家协会的工作地方，我今天也是第一次回到重新修缮后的北大红楼。但是对红楼这里边发生的革命故事，我近十年当中写了不少相关的红色题材的作品，其中有一本书叫《革命者》，是 2020 年的"中国好书"。在红楼故事当中有一个特别重要的人物，就是邓中夏。大家可能多多少少听过邓中夏这个名字，但是邓中夏到底是个什么样的人？其实在我们党史当中已经写到很多，包括我们中国共产主义青年团的团史当中讲得也很多。

我是一个作家，我更多地关注党史当中的这些人和他们的表现，以及在革命斗争当中他们发挥了什么样的作用，其中特别让我感动或者感慨的就是邓中夏同志。邓中夏，在我们整个中共党史，特别是在北大这段历史当中，他是非常活跃的一个青年领袖。我今天给大家讲讲我所了解的邓中夏的三个历史片段，也就是说邓中夏在北大红楼当中和红楼外发生了哪些事。

我们知道邓中夏是1894年出生的，出生在一个有钱人家，他上北大的时候，父亲亲自把他送到学校。他学了文科，我们所在的这栋楼就是北大的文科楼。我们可想而知，一百多年前，一个湖南的小县（宜章县）里的有钱人家的孩子到了北京来上大学，家里人得有多高兴。一百多年前一个北大学生是什么样？我看到了材料，看到了熟悉邓中夏的当年那些人的回忆录，说邓中夏当初的时候，那叫一表人才，头发锃亮，皮鞋擦得能照得着人，小长衫笔挺。用现在的话来说，很阔。就是这样一个富家子弟，他对革命怀有一种特别的感情，对共产主义信念怀有特别强烈的愿望，而且他有一种伟大的志向是要改变旧中国，这就是邓中夏到北大求学的一个崇高的信念。

到了北大以后，李大钊是他的老师，也是北大红楼图书馆的馆长。图书馆的馆长跟其他的老师不太一样，他每天可以接触那么多爱学习的学生，具有独特的一个平台，所以很多进步青年学生都到这个图书馆，到李大钊这个地方来，包括毛泽东。我们有一间房子是当年毛泽东到北大图书馆任试用书记时所工作的地方。所以在北大，图书馆是一个特别重要的平台。

邓中夏在那个时候作为一个青年学生，从进了大学的第一年开始，他就出类拔萃了。在一次大会上，我不知道是不是这个房间，他在演讲，他感动了一个人，他那种激情，他那种口才，那种演说的艺术感，深深地感染了一个青年教师。这个青年教师就是徐悲鸿。徐悲鸿来北大以后就参加了邓中夏那次演讲会，他在现场被邓中夏那种形象、那种才气、那种演讲的艺术，深深地感染了。他在现场画了一幅画，那幅画是北大《国民》杂志的封面，封面人物就是邓中夏。从这幅画我们就可以看出当年邓中夏在北大的形象。这本杂志在学校里印发以后，邓中夏的名声是相当大，学生里都知道，老师都知道，他成了学生会的等于说秘书长这样的角色，在这个时候邓中夏已经显示出他革命青年领袖的这种形象。

我在研究或者是学习邓中夏的历史的时候，有一个特别感受，一百年前我们建党还没有开始的时候，作为革命的火种，邓中夏就是这样千千万万的革命火种当中最明亮的火种之一了。所以对邓中夏我也特别关注。

曾经在上海写邓中夏的时候，我到了龙华烈士纪念馆。邓中夏我现在看不到，我也不认识他，他早就牺牲了。但是那个地方有一个邓中夏的塑像，是根据他的照片塑的，我每次到邓中夏塑像前面，总要停留三五分钟，也不知道怎么回事。我看了一会儿，然后我走了，走一段，也就十几米，感觉邓中夏好像有话要跟我说，我又回来看看他。他就一张笑脸，很慈祥的一种笑脸。我看完又走了，走了以后又想起来，又回去看……我每次去龙华烈士纪念馆，都要走上两三次，然后再回到家里翻他当年在北大、在其他地方的演讲和他自己写的诗、写的文章。慢慢地慢慢地，尽管我没见过邓中夏本人，但是我总感觉他就在我身边，他可以跟我对话。

 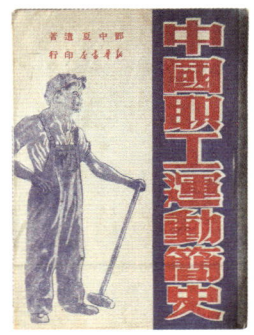 

邓中夏著《中国职工运动简史》

在"对话"的过程当中,我发现了邓中夏一个特别重要的性格,邓中夏的内心世界和邓中夏的那种革命激情是从哪里来的?他从湖南到北京,他本来是热血沸腾的,怀着要给国家做一件大事的情怀。上北大的人不是一般的人,而且他父亲亲自带着他来,告诉他,你要在这个地方好好地念书,其他的你不用管,家里有钱供着你,意思让他就一心一意地读书。但是后来邓中夏发现不对,光读书、读死书是不够的,中国有这么多问题,特别是在他那个时代,腐朽的政府和帝国主义对国民压迫,他觉得受不了。他必须作为一个革命青年去反抗。在那个时候正好碰到了一件事,引发了后来的五四运动。

第一次世界大战结束以后,我们中国也是战胜国之一,但是美国、英国等国在法国签了《凡尔赛和约》。大家都知道,在和约当中对我们中国是不公平的,它把德国强占我国山东的"特权",判给日本帝国主义继承,没有还给我们中国。消息传回国内,群情激愤。

到底怎么来处理这件事情?蔡元培跟李大钊等人商量,包括陈独秀在内。李大钊把邓中夏这些学生领袖召集来了,商讨到底怎么办?大家就义愤填膺,一定要控诉旧政府,不能在《凡尔赛和约》上签字,所以有了五四运动历史事件。1919年5月4日上午,以邓中夏为代表的学生从北大红楼出发,一直游行到天安门。当初邓中夏是举着旗的,他走在最前面,在学生游行的头阵。学生游行队伍的声势越来越大,一直到了三千多人,到东交民巷使馆区请愿未果,后来发生了烧曹家大院(火烧赵家楼)这个事件。这是五四运动中的邓中夏,我们可以看出他是怎样的一个人。

五四运动结束以后,马上进入了中国共产党的组建阶段。中国共产党组建最早的时候就在北大红楼这个地方。为什么在北大红楼呢?因为在这之前有一个重要人物来到了这个地方。十月革命以后,为了完成世界革命的任务,列宁非常关注东方的中国革命,特意派了一个叫维经斯基的代表。1920年,他同杨明斋(一个俄国共产党身份的中国人)等人一起,通过在北大任教的俄籍教师介绍,见到了李大钊。维经斯基跟李大钊谈了一天,李大钊非常感慨和感叹:我们一定要走俄国革命的道路,走列宁的道路。

为了让他的学生了解俄国革命,李大钊后来把邓中夏等七八个进步学生都叫到他的办公室里。通过几次座谈,维经斯基讲了列宁十月革命的经过和宝贵经验。在这个过程当中,邓中夏是表现最突出的一个学生。

邓中夏在此期间做了一个特别重要的事情，也是在我们中国工人运动当中了不起的实践，就是在长辛店办了一个夜校——劳动补习学校，后来又组织了工人俱乐部、工会。邓中夏就是这样的一个人，他是一个热血青年，为了中国社会的变革，他跑到了长辛店。他认为我们要学习俄国革命的经验，就是开展工人运动，他是第一个实践者。一个北大的学生，而且是有钱人家的学生，天天跑到长辛店。我看到过很多关于他的回忆录，工人看看说怎么来了个知识分子，天天跟我们住在一块，非常感动。所以邓中夏这个人有平民的情怀，共产党人的高贵品质在他身上集中地体现，既有理想，又有知识，又有才华，又有实干精神。

经邓中夏建议，长辛店补习学校的教材均由教员自己编写，内容取材于《共产党》《向导》《劳动界》及国际通讯英、德、法文版本资料。图为1920年11月21日《劳动界》第十五期报道长辛店劳动补习学校开办情况邓中夏通过指导和总结北方工人运动，编撰了《工会论（上编）》和《中国职工运动简史(1919—1926)》两部专著，是最早从宏观上对中国工人运动进行系统研究的两部专著。图为《工会论（上编）》封面

  我们现在看到的党史当中，参加党的第一次代表大会的有十三个人，这十三个人当中没有邓中夏。
  原因是这样的。我们中国共产党建党之前有这样一个群众组织，叫少年中国学会。这个群众组织非常大，我们建党的时候，全国党员五十八个，少年中国学会那个时候有一千多个人了。而这个学会也是李大钊发起的，邓中夏是秘书长，包括陈独秀、毛泽东等，我们中国共产党的第一批优秀的党员当中，大部分都是这个学会的会员。1921年6月，党的第一次全国代表大会即将召开之时，邓中夏因需赴南京参加少年中国学会年会和赴重庆讲学，未能参加一大。
  从这里我们可以看出邓中夏对工作负责任，从来不计较自己个人得失的胸怀。我看到了写到邓中夏的那些回忆录，很多人就讲

了，在五四运动前后，邓中夏是一个非常讲究的富家子弟。在中国共产党建党的一大前后，邓中夏简直是一点不讲究了，浑身都是烟灰，他抽烟抽得非常厉害，加班加点，每天都是在为建党操劳，他做了很多具体的工作。

在我们党史当中，在我们的建党文本当中，我们是看不到这些东西的，所以我挖掘革命史的时候，看到邓中夏这样的形象，这样在北大前后的形象，我是深深地感动，这样的革命者才是真正的共产党人的形象。这是我看到的邓中夏的第二个形象。

最让我感动的是第三个形象。什么形象？是我们中国共产党在历史阶段当中碰到了难题。什么难题？国共合作到1927年的时候，蒋介石突然叛变，不按照中共跟国民党联合这样的思路和方针，他自己另立天下。

咱们知道在历史上有大革命时期上海工人的三次武装起义。第一次武装起义发生在1926年10月24日，失败了；第二次武装起义是在1927年2月22日，也失败了。第三次武装起义准备得更加充分了，由陈独秀、罗亦农、赵世炎、周恩来等人领导。周恩来曾任黄埔军校的政治部主任，北伐军里当时像叶挺等等都是他的学生。第三次武装起义的时候，我们中国共产党在上海发动了二十五万工人赤卫队，其中有两千多人是武装赤卫队，是有枪的，这一次武装起义在中共历史当中是1927年四一二反革命政变之前最成功的一次革命。成功了以后，上海成立了一个临时政府，其中也有邓中夏。

但在这个时候蒋介石一看坏了，本来他是想摘革命的果子的，结果一看还没有打到上海，共产党已经把中国的第一大城市上海的政权拿过来了。所以蒋介石一看不对劲了，他的本性就出来了，在上海跟宋美龄婚礼结束以后，转了一圈他就到了南京去了，到了南京没几天，就发生了四一〇事件，中共南京市地委书记等十余人全部被秘密杀害。

隔了一天，4月12日，蒋介石在上海开始大屠杀。这个时期中国共产党人面临着非常艰难的境地，一批又一批共产党人在那个时候牺牲了，那是非常惨烈的。

我在这里补充，邓中夏当时是第三任江苏省委书记，1927年6月陈独秀的大儿子陈延年当了江苏省委第一任书记。当初陈延年是在广东省任省委书记，大革命失败以后，蒋介石背叛革命，中国共产党在地下要成立一个执行机构，就是江苏省委，江苏省委谁当书记？陈独秀把自己的大儿子陈延年调到上海，咱们后来看到了《觉醒年代》也知道。此前，我写了一本《革命者》，里边就讲到这些。陈延年当江苏省委书记的第一天就被国民党抓住了，这个过程又简单又复杂，第四天他就牺牲了。

牺牲了以后，党内马上又派了一个高级干部——赵世炎。陈延年牺牲以后，赵世炎兼任江苏省委书记（代），没有想到那个"（代）"还没有拿掉，两个月以后，赵世炎也被特务抓住了。

这段历史现在咱们就知道了，陈乔年在他的哥哥陈延年牺牲后不到八个月又被国民党抓住。我研究那一段历史，写到他们这一代人，写到这几个共产党员，心里非常酸，非常痛。特别是陈独秀家里，两个儿子不到一年先后牺牲。陈延年他有一个妹妹也就是陈乔年的姐姐，当初陈延年在上海牺牲以后，有人通知她（陈玉莹）到上海，说她的哥哥出问题了，被国民党杀害了，让她来处理后事。陈玉莹赶紧跑到上海，可陈延年的尸体怎么也找不着。后来有人告诉她，说你的哥哥早就被国民党杀害了，装在麻袋里扔在黄浦江里，怎么能找得着呢。陈独秀的女儿哭了半天，也没有办法，回到安徽的家里去了。回到安徽前后没多长时间，弟弟又出事了，又跑到上海，又找半天，同样到处找不着。最后还是别人告诉她说你的弟弟跟你的哥哥是一样的命运，被国民党枪毙以后装在麻袋里，扔在黄浦江里。陈独秀的大女儿听到这个消息以后一病不起，陈独秀一家三个孩子相隔不久先后死去。

第三个派谁？邓中夏。邓中夏干了几个月，干得非常漂亮。

1928年他跟周恩来等一批共产党人到莫斯科去参加中国共产党第六次全国代表大会，大会是在苏联召开的，没有在国内，因为国内的形势太紧张，太复杂。邓中夏的夫人也去了，他的儿子也在那个地方。1930年党又把他调回来，儿子留在那个地方，他这个儿子后来一直没有找到，卫国战争开始以后，他的儿子不知道到哪个地方去，后来他的一家人都没有了。

邓中夏回来以后，党组织觉得他很有能力，是一个宣传家，理论家，又是一个实干家，这可是党内很少有的人，所以周恩来对他评价特别高。

但邓中夏同志后来受到的迫害，特别是王明路线对他的迫害，是想象不到的那种惨烈。王明把他所有的党内职务全部撤销了。邓中夏原来是中央政治局的候补委员这样的身份，后来被派到互济会（全国赤色互济会）去任职了，当总会主任兼党团书记。邓中夏夫妻两个在上海怎么生活？总共八块钱——党内还是要发一点经费的——八块钱能干什么？四块钱他们租了一个房子住，就几平方米的地方，还有生活费四块钱，怎么生活？

有一天邓中夏饿得不行了，到处找吃的，他找着找着，找到一个码头的垃圾堆。他一看那个地方有个包，里面可能有东西，想捡点东西吃，结果在这个时候看到了一个工人。这个工人认识邓中夏，一看：邓书记你怎么成这个样了？现在你在干什么？邓中夏就说了自己在干什么。对方很吃惊，说你现在这样的处境，你还有心境搞革命？

邓中夏就坦然一笑，说这都是组织给我安排的，我们要服从组织。你想想邓中夏是什么样的一个情况？就等于从党的高级干部，成了基层的一个共产党人，但即使在这样困难的情况下，他依然相信党，依然在兢兢业业地工作。我觉得这样的共产党人真是我们学习的榜样，他成为一个我们学习的榜样是有道理的。

邓中夏后来作为共产党的"要犯"，被送到南京。蒋介石一听说邓中夏在南京，高兴得不得了。蒋介石知道邓中夏是个人才，一定要把他拉过来，所以他派了一个办公厅的主任跑到监狱去跟邓中夏谈判。

因为在国共合作的时候，邓中夏也是在国民党阵营当中担任一定职务的，所以这个蒋介石的说客，就说，我们的总裁说，只要你邓中夏答应一个条件——在脱离共产党的声明上签一个名，马上就给你安排教育部部长这样的角色。国民党的教育部部长，你干不干？就那么简单，就那么诱惑。

但是邓中夏轻蔑地一笑，怎么可能？我是共产党人，我从加入共产党的第一天，我在我们的党、在李大钊老师的面前就发过誓，这一辈子直至我生命结束，我都是中国共产党人，我不会改变我的政治追求的。就这么一句话，没办法，蒋介石也说服不了他，他的说客也灰溜溜地走了。

最让我感动的一点是什么？国民党要枪毙邓中夏，通知他了，明天是你最后一天了。邓中夏听了没有什么反应，下午继续给监狱里的共产党人上党课。我看到这个地方真是想掉眼泪,因为没有比生命更宝贵的,而邓中夏面对着敌人对他用这种最后的毒刑的时候,他居然坦然地在监狱里继续上党课,他的这种承受能力,他这种信念的力量真是让人钦佩。

所以我觉得,红楼走出来的邓中夏,就像他的名字一样,是中华民族的高楼大厦,他是矗立在我们中华民族历史中的一个伟大人物,他是一个丰碑,既是我们青年人的领袖,又是我们的榜样,他是我们中国共产党人优秀品质的集中者。在他的身上我们可以看到中国共产党那种闪光的东西,在他的每一个细胞、眼神、表情当中闪烁着光芒,这就是邓中夏。这就是我想今天给大家介绍的我所认识的邓中夏。

重温
《共产党宣言》

[背景]

  1848年2月《共产党宣言》问世,为什么说这是"人类思想史上的一个伟大事件"?1920年3月,李大钊发起成立了"马克思学说研究会",翻译、油印了《共产党宣言》,但是很可惜,这份油印版的《共产党宣言》未能正式发表。1920年8月,由陈望道翻译的《共产党宣言》第一个中文全译本由上海社会主义研究社正式出版。《共产党宣言》中文版大约两万字,都写了些什么内容?马克思、恩格斯当时不满三十岁,为何就能写出这样一篇划时代的经典文献?它传播到中国又有哪些鲜为人知的故事?

  从1920年《共产党宣言》第一个中文全译本出版,到2018年中共中央政治局就《共产党宣言》及其时代意义举行集体学习,再到中国共产党第二十次全国代表大会中提到"开辟马克思主义中国化、时代化新境界",这到底是一个怎样"内容丰富的理论宝库"?

  《共产党宣言》发表一百七十多年来,世界已经产生了巨大而深刻的变化,但是《共产党宣言》所揭示的马克思主义的基本原理,依然是完全正确的。在中共中央政治局集体学习时,就相关问题做讲解的中央编译局研究员王学东,今天将在《北大红楼读书会》,带领我们一起重温《共产党宣言》。

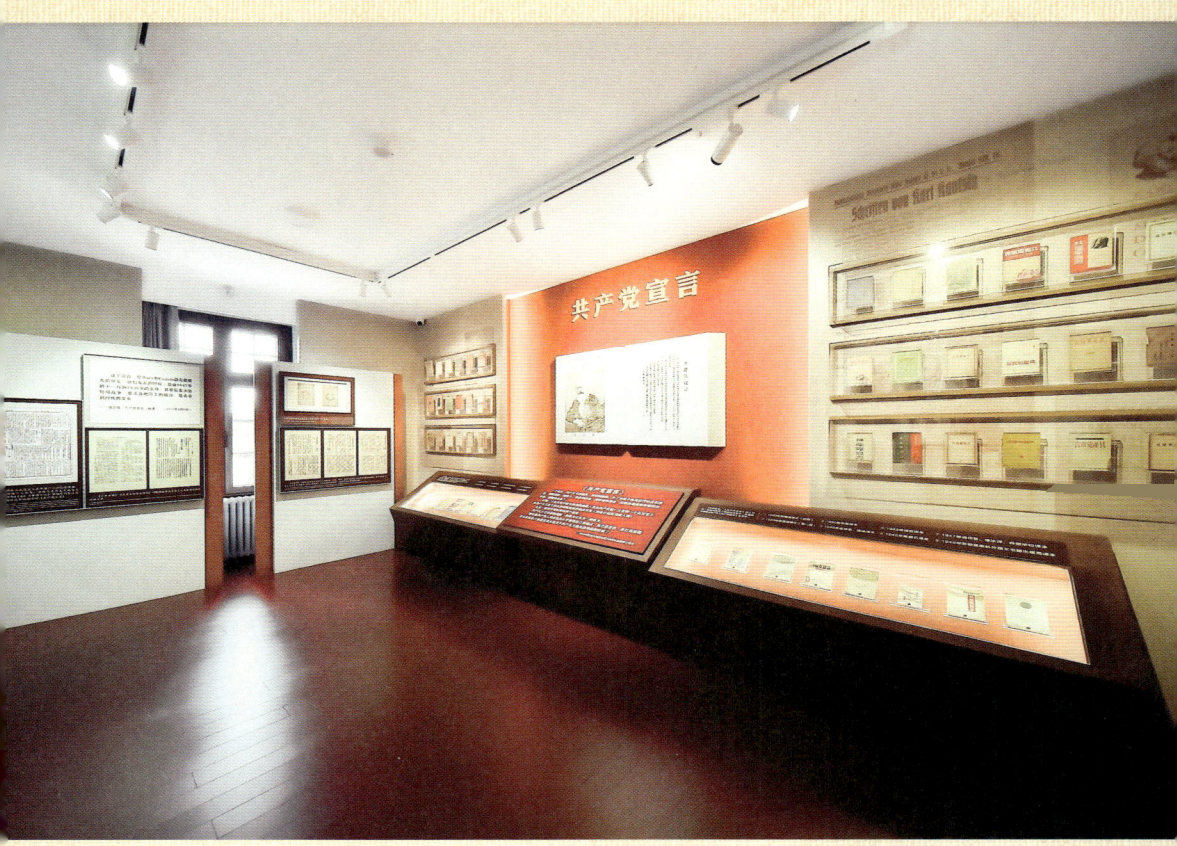

北大红楼第三十九展厅

讲座时间：2022年10月

主 讲 人：王学东（中央编译局原副局长，中国国际共产主义运动史学会原会长）

扫描下方二维码
收听讲座音频

各位青年朋友，大家好！非常高兴能来到李大钊、陈独秀、鲁迅等先贤们曾经授课的教室，在他们讲课的地方和大家进行交流。我们今天的话题，要从1848年说起。那一年发生了哪些大事，值得大家回顾呢？

对中国近代史感兴趣的同学肯定知道，这一年洪秀全在广西打着"拜上帝会"的旗号聚众传教，三年之后太平天国运动就爆发了。对世界史感兴趣的同学肯定知道，1848年法国爆发了二月革命，这个革命迅速地席卷了德国、意大利、匈牙利等国，形成了声势浩大的1848年至1849年的欧洲革命。

我们在一百七十四年之后的今天来回望1848年，对人类历史产生了深远影响，并且仍将继续发挥重大作用的，还有一件重要的大事，就是1848年2月《共产党宣言》问世，这是马克思主义诞生的一个重要标志。今天，我们就来一起重温《共产党宣言》。我重点讲五个问题。

我想和大家交流的第一个问题是：在1848年2月《共产党宣言》问世的时候，马克思和恩格斯都还不满三十岁，那么这两个年轻人为什么能写出《共产党宣言》这样一篇划时代的经典文献呢？

我的回答是：《共产党宣言》虽然是出自两个年轻人之手，但是归根结底它是时代的产物。作为国际共产主义运动的第一个纲领性文献，它是机器大工业时代无产阶级和资产阶级斗争的结果，是无产阶级解放斗争的需要，也是马克思主义与工人运动、社会主义运动相结合的产物，所以说它的产生有着深刻的社会历史背景。

首先，《共产党宣言》之所以成为经典，是因为它回应了工业资本主义时代的社会矛盾。19世纪40年代，西欧进入大机器生产阶段，然而资本主义在快速发展的过程中弊病丛生，生产社会化与生产资料资本主义私人占有之间的矛盾日益尖锐化。

如何来认识资本主义？如何来看待它带来的经济发展和社会灾难？人类未来的方向在哪里？这引起了当时社会各界的思考。资产阶级、封建贵族和小资产阶级的思想家提出了种种理论学说，但是他们都没有也不可能科学地回答这些问题。

空想社会主义的代表人物，我们耳熟能详的像圣西门、傅立叶和欧文这些人，他们对资本主义的弊病进行了猛烈抨击，并且描绘了未来社会的美好图景。然而由于时代和阶级的局限性,他们也同样找不到实现理想的现实道路和社会力量。时代的发展呼唤科学的理论,《共产党宣言》就是顺应这一时代要求的产物。

其次,《共产党宣言》之所以成为经典,是因为它是马克思主义与工人运动相结合的产物。马克思和恩格斯之所以能够写出《共产党宣言》,创立马克思主义,除了我前面讲的时代条件之外,还取决于他们自身的主观条件和所处的客观环境。马克思和恩格斯在19世纪40年代初,就完成了从唯心主义向唯物主义、从革命民主主义向共产主义的转变。他们创立了唯物史观,初步弄清了剩余价值的实质和来源。由于这两个发现,社会主义从空想变成了科学,从而为《共产党宣言》的创作奠定了科学的理论基础。

马克思、恩格斯在创立马克思主义理论的同时,还自觉地投身于工人运动,使马克思主义同当时正在兴起的工人运动相结合。1847年11月底至12月,共产主义者同盟的第二次代表大会在伦敦召开。这次大会正式委托马克思、恩格斯起草同盟的纲领。

从1847年12月到1848年1月底,马克思、恩格斯抛弃了传统的教义问答形式,用"叙述历史"的方式,共同写作了《共产党宣言》。这部光辉文献的手稿只有一页流传下来了,现在保存在荷兰阿姆斯特丹的国际社会史研究所,非常珍贵。

下面我想跟大家交流的第二个问题是,《共产党宣言》篇幅不大,中文版大约两万字,它到底写了些什么,能够成为改变人类历史的经典性文献?《共产党宣言》包括一篇引言和四章内容,外加马克思、恩格斯为它写的七篇序言,形成了一个统一的整体,所以我今天也把它作为一个整体来讲。《共产党宣言》内容非常丰富,概括起来主要有以下六个方面:

一是关于唯物史观的基本原理。《共产党宣言》可以说是通篇贯穿着唯物史观的基本原理。

特别是恩格斯在1883年德文版序言中指出,《共产党宣言》首要的基本思想就是"每一历史时代的经济生产以及必然由此产生的社会结构,是该时代政治的和精神的历史的基础"。这个基本思想为人们观察社会历史发展提供了科学的世界观和方法论。

二是关于阶级和阶级斗争的基本观点。《共产党宣言》指出,从原始土地公有制解体以来,"全部历史都是阶级斗争的历史,即社会发展各个阶段上被剥削阶级和剥削阶级之间、被统治阶级和统治阶级之间斗争的历史"。马克思主义阶级斗争理论是我们党指导中国革命的基本理论。

毛泽东曾经在《关于农村调查》中提到,读了《共产党宣言》,"才知道人类自有史以来就有阶级斗争,阶级斗争是社会发展的原动力,初步地得到认识问题的方法论"。

今天,我们要结合我国正处于并将长期处于社会主义初级阶段的国情,结合国内的因素和国际的影响,来深刻认识和正确运用《共产党宣言》关于阶级和阶级斗争的思想。也就是说,我们既不能搞阶级斗争扩大化,也不能丢掉正确的阶级分析的方法。

三是关于资产阶级必然灭亡和无产阶级必然胜利的基本观点。《共产党宣言》运用唯物辩证法来分析资本主义社会。首先它充分肯定了资产阶级在历史上曾经起过革命作用,推翻了封建统治,促进了生产力的发展。但是随着资本主义的发展,其内在的基本矛盾,即生产社会化和生产资料资本主义私人占有之间的矛盾日益尖锐化了。当生产力强大到资产阶级所有制关系所不能适应的地步,它就受到了这种关系的阻碍。于是,资产阶级不仅挖掉了自己赖以生产和占有产品的社会基础，而且还造就了自身的掘墓人：无产阶级。所以马克思、恩格斯宣布"资产阶级的灭亡和无产阶级的胜利是同样不可避免的"。

但是资本主义彻底灭亡，共产主义最终胜利，这是一个相当漫长的历史过程，需要具备高度发达的物质和精神条件。

四是关于无产阶级历史使命和无产阶级革命的基本观点。《共产党宣言》指出，资产阶级的灭亡是历史的必然，但是它绝不会自行灭亡，而是要通过无产阶级反对资产阶级的革命斗争才能实现。因为在资产阶级社会中，国家政权本质上是"一个阶级用以压迫另一个阶级的有组织的暴力"。资产阶级用暴力镇压无产阶级的反抗，维护自己的统治，因此无产阶级也必然要"用暴力来推翻资产阶级而建立自己的统治"。马克思、恩格斯把这种由无产阶级执掌的政权称作无产阶级专政。

毛泽东在《论人民民主专政》中曾经指出："总结我们的经验，集中到一点，就是工人阶级（经过共产党）领导的以工农联盟为基础的人民民主专政。"

实行人民民主专政，是马克思列宁主义关于无产阶级专政的理论同我国具体实际相结合的产物，是中国共产党人的一个创造。对此邓小平解释说，人民民主专政实质上也就是无产阶级专政，但是人民民主专政的提法更适合我们的国情。

五是关于"两个决裂"和建立共产主义新社会的基本观点。马克思、恩格斯提出，首先是要同传统的所有制关系实行最彻底的决裂。《共产党宣言》明确地把消灭私有制，消灭阶级，实现共产主义宣布为共产党人的最终目标。第二个决裂是要同传统的观念实行最彻底的决裂。这里所指的是要同维护旧的所有制关系和旧的阶级统治的旧思想、旧观念实行决裂，而绝不是要否定和抛弃人类世世代代创造的精神财富和文化遗产。马克思、恩格斯历来主张要继承和发展、发扬各民族优秀的思想文化，认为这是建设共产主义新社会的必要条件。

关于共产主义新社会，马克思、恩格斯从来没有做过具体的规划。他们历来认为，规划得越详细越具体，就越会沦为空想，因此他们只提出过一些原则性的设想，其中最核心的思想就是建立"自由人联合体"。

六是关于无产阶级政党的基本观点。《共产党宣言》第一次系统地论述了共产党的性质、特点、纲领目标和策略原则。共产党是无产阶级整体利益的代表者，是无产阶级的先锋队。共产党的最低纲领是无产阶级夺取政权，这是无产阶级革命的第一步；最高纲领即最终目标，是消灭私有制，消灭阶级，实现共产主义。共产党人的策略原则是，既要为工人阶级当前的利益而斗争，又要着眼于运动的未来；既要团结和支持一切进步运动，又要在革命的联合中坚持独立自主，牢记党的革命原则和最终目标。

我想和大家交流的第三个问题是，《共产党宣言》是怎样在德文版的基础上向全世界传播的？又是在什么时候、以什么样的方式传播到中国的呢？

《共产党宣言》于1848年2月在伦敦以德文出版，当年就被翻译成了多种文字。迄今它已被翻译成了二百多种语言，出版了上千个版本，影响遍及全世界。至于说到《共产党宣言》传入中国，则是一个渐进的、曲折的过程。

早在1899年2月，英国传教士李提摩太编译了一本书叫《大同学》，其中就提到了马克思的名字，并用文言文转述了《共产党

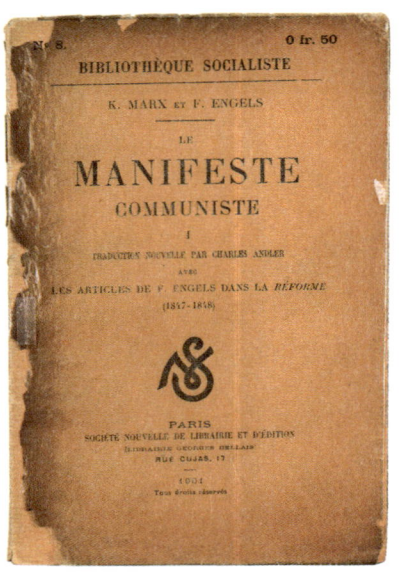

1901 年法文版

1935 年俄文版

1920 年陈望道译本（初版）

1920 年陈望道译本（第二版）

1940 年英文版

1944 年意大利文版

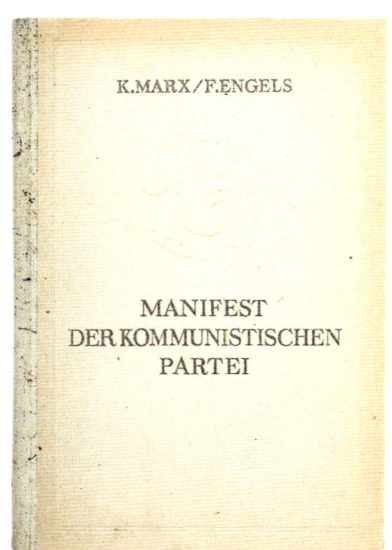
1945 年德文版

1945 年朝鲜文版

重温《共产党宣言》

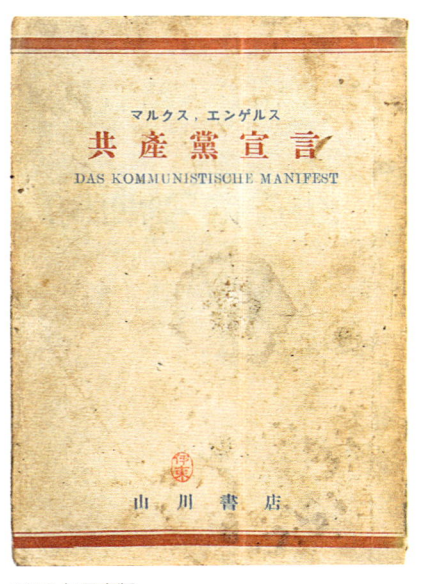
1946年日文版

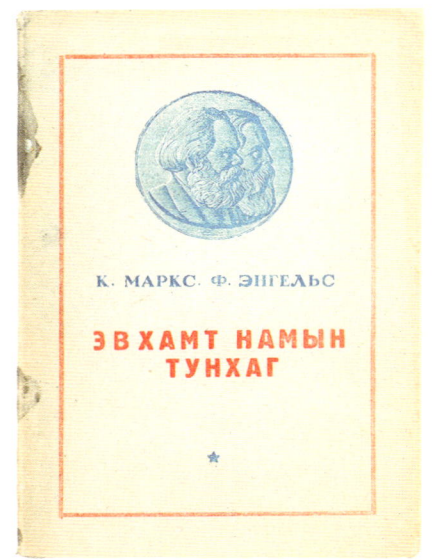
1947年蒙古文版

宣言》的片段文字。

  1903年3月，上海广智书局出版了赵必振翻译的日本人福井准造的《近世社会主义》。书中简要地介绍了马克思的生平活动及其学说，并且摘译了《共产党宣言》的最后一段话。

  到1905年11月，这个时候同盟会已经成立了。同盟会的机关报《民报》第二号刊载了朱执信（当时署名"蛰伸"）撰写的《德意志社会革命家小传》。其中比较详细地叙述了马克思的生平活动，在介绍《共产党宣言》的时候翻译了其中的十项纲领，也叫十项措施。这是中国人第一次著文介绍《共产党宣言》，并直接翻译它的部分内容。

  1908年1月，在日本东京出版的《天义》报第十五卷刊载了留日学生民鸣翻译的《共产党宣言》1888年英文版序言，并且在

第十六到十九卷合刊号上发表了《共产党宣言》第一章译文。同时编者在按语中预告，民鸣已经把《共产党宣言》全文翻译完了，先发这一部分，后面增刊的时候再发。但是可惜《天义》报随即停刊了，所以《共产党宣言》这个译文就未能继续发表。

1917年俄国爆发十月革命并且取得胜利，引起了中国先进分子对马克思主义浓厚的兴趣和热烈的向往。马克思主义经典著作开始在中国得到广泛传播。1919年4月，李大钊和陈独秀创办的《每周评论》在第十六号"名著"栏里，发表了《共产党宣言》第二章"无产者和共产党人"的最后几段译文，总计有千把字。标题是《共产党的宣言》，译者署名"舍"。

1919年8月，张闻天在《南京学生联合会日刊》上发表《社会问题》一文，其中也翻译了《共产党宣言》关于无产阶级革命的十项措施。

1919年11月，北京《国民》杂志第二卷第一号刊载了《共产党宣言》第一章的译文，译名是《马克斯和昂格斯共产党宣言》，译者是北京大学经济系学生李伯嘉，又名李泽彰。当时北京大学就在红楼里面，也就是说，红楼里的学生翻译了《共产党宣言》。据说他已经把《共产党宣言》全文都译出了，但后来胡适出面干预，在他的劝说下李泽彰撤回了后半部分译稿，没有继续发表。

1920年3月，李大钊在我们今天上课的北大红楼里面倡议成立了北京大学"马克思学说研究会"。据罗章龙回忆，当时研究会成立了英文、法文、德文三个翻译组。罗章龙说他自己是在德文组，曾用德文本翻译过《共产党宣言》的全文。但是当时由于受条件限制，这个译本没有能够正式印刷，只印了油印本，在内部传阅。有些研究者甚至推测，毛泽东当年在北京读到的就是这个本子。

直到 1920 年 8 月，陈望道翻译的《共产党宣言》第一个中文全译本由上海社会主义研究社出版。这就是《共产党宣言》传入中国的一个大致的途径。

说到这里，同学们可能都听说过一个广为流传的故事：陈望道翻译《共产党宣言》的时候，太专注了，竟误把墨汁当成红糖水来蘸粽子，等到回过味儿来，说这就是真理的味道，比红糖还甜。

我想和大家交流的第四个问题是翻译出版《共产党宣言》第一个中文全译本，是陈望道一人之功吗？这背后还有哪些不为大众所熟悉的故事？

关于这个问题，我首先想说明的是，翻译出版《共产党宣言》第一个中文全译本，这不是陈望道的个人行为，而是一个群体行为，是中国共产党创建工作的重要组成部分。既然是一个群体行为，那么谁做出的贡献最突出呢？不可否认，贡献最突出的还是陈望道。为什么这么说呢？因为在 1920 年，北京、上海等地的先进知识分子就已经开始了中国共产党的创建工作，翻译出版《共产党宣言》就是为创建党做思想理论准备的一个重要环节。刚才我们已经说了，陈望道不是中国翻译《共产党宣言》的第一人，甚至也不是中国翻译《共产党宣言》全文的第一人。在陈望道的译本之前，至少已经出现过三个《共产党宣言》中文全译本。第一个是留日学生民鸣的译本，第二个是北京大学学生李伯嘉（李泽彰）的译本，还有一个是北京大学马克思学说研究会的译本。但是这三个译本因为种种原因都未能正式出版。所以我们说是历史最终选择了陈望道，让他完成了前人所未能完成的工作，创造出彪炳史册的光辉业绩。

陈望道的历史功绩在于他是第一个正式出版的《共产党宣言》

中文全译本的译者，从而为马克思主义在中国的传播做出了杰出贡献。凭借翻译出版《共产党宣言》第一个中文全译本的功绩和在上海马克思主义研究会中所做的工作，陈望道虽然不是出席中共一大的代表，但是他对中国共产党的创建做出了重大贡献。

我们再接着问，作为《共产党宣言》第一个中文全译本的译者，陈望道究竟是怎样一个人呢？他又是如何完成《共产党宣言》翻译和出版任务的呢？

陈望道的原名叫陈参一，早年在日本留学时接触过科学社会主义，研读过马克思、恩格斯的著作，回国以后积极投身于进步思想的宣传活动。1920年初，应上海《星期评论》主编戴季陶的约请，他根据编辑部和陈独秀提供的《共产党宣言》日文本和英文本，开始翻译《共产党宣言》。他在自己家里一间破旧的农舍里，点着昏暗的油灯，克服了缺少资料和工具书等重重困难，夜以继日地，按照他自己的话叫"费了平常译书的五倍工夫"，经过百余天的苦斗，终于完成了《共产党宣言》全文的翻译工作。但是当陈望道应约于1920年5月回到上海的时候，《星期评论》突然停刊了，因此译稿就没有能够及时发表。当时陈望道参加了创建党的活动，并把《共产党宣言》译稿交给外文很好的陈独秀和李汉俊，请他们校阅。

陈独秀看罢《共产党宣言》的译稿，大加赞赏，当即决定以"上海社会主义研究社"的名义出版。译稿已经校好了，出版机构也确定了，但是出版经费还没有着落。

恰在此时，共产国际代表维经斯基经北京的李大钊介绍，来到上海，与陈独秀商谈中共建党的问题。维经斯基听说要出版中文版的《共产党宣言》，自然是全力支持，立即决定用共产国际的经费来资助上海马克思主义研究会，在上海辣斐德路（今复兴中路）成裕里 12 号，买下了一个小型印刷所，叫"又新"。这样，《共产党宣言》的第一个中文全译本才得以出版。

这个版本的开本比我们今天小三十二开本还要小一点，是平装，封面上端从右至左摹印着"社会主义研究小丛书第一种"。因为工人排印的疏忽，书名印错了，印成了"共党产宣言"，书名下方是水红色的马克思半身像。封面上还有"马格思、安格尔斯合著，陈望道译"的署名。全书一共是五十六页，用五号字竖排，封底印有一千九百二十年八月出版，印刷及出版者是社会主义研究社。《共产党宣言》中译本一经出版，立即受到广大革命群众特别是先进知识分子的热烈欢迎。初版印刷的一千册很快销售一空。为了满足读者的需要，社会主义研究社又在 9 月出版了第二版，这一版更正了书名——《共产党宣言》，又印了一千本。

在不到两个月的时间,《共产党宣言》连续刊印两次，这在马克思主义著作的出版史上也是罕见的事。之后，各地争相翻印，不断再版。就这样，这部光辉著作在中国的大地上迅速广泛地流传开来。

那么说到这里，人们不禁要问，今天我们该如何评价《共产党宣言》第一个中文全译本的历史地位呢？我这里简单概括出了三点：第一，它催生了中国共产党的成立，为建党做了重要的思想理论准备；第二，它为中国共产党指明了目标、任务、建党纲领和原则；第三，它对近百年来中国的历史进程产生了划时代的影响，指导了中国革命、建设、改革的全过程。

下面我们谈第五个问题，也是我们今天交流的最后一个问题。在党的二十大召开之际，我们在这里一起来重温 1848 年问世的《共产党宣言》，那么它今天有什么现实意义呢？我觉得可以把它重大而深远的现实意义概括为以下五点启示：

第一点，《共产党宣言》启示我们要坚定"四个自信"，筑牢理想信念之魂。《共产党宣言》指出，资产阶级的灭亡和无产阶级的胜利是同样不可避免的；无产者在这个革命中失去的只是锁链，他们获得的将是整个世界。《共产党宣言》揭示的人类社会最终走向共产主义的必然趋势，奠定了共产党人坚定理想信念、坚守精神家园的理论基础。中国共产党之所以叫共产党，就是因为我们党始终把共产主义作为不懈追求的远大理想。近一个世纪以来，共产主义始终是我们党须臾不可忘却的信仰，激励着一代又一代的共产党人接续奋斗。

正如习近平总书记所强调的，我们要把共产主义远大理想同中国特色社会主义的共同理想统一起来、同我们正在做的事情统一起来，坚定道路自信、理论自信、制度自信、文化自信，不为任何风险所惧，不为任何干扰所惑，始终坚守共产党人的理想信念，不负共产党人的光荣称号。要脚踏实地为实现党在现阶段的基本理论、基本路线、基本方略而不懈地奋斗，扎扎实实做好每一项工作，取得向共产主义迈进的"接力赛"中我们这一棒的优异成绩。共产主义不是一蹴而就，要接力才能够实现。

第二点，《共产党宣言》启示我们要牢记共产党的宗旨使命，坚持以人民为中心的立场。《共产党宣言》指出，过去的一切运动都是少数人的或者为少数人谋利益的运动，无产阶级的运动是绝大多数人的、为绝大多数人谋利益的独立的运动；共产党以工人阶级所代表的绝大多数人的利益，作为自己的奋斗目标，没有自己特殊的利益诉求。

是否始终站在最广大人民的立场上，这是判断真假马克思主义的试金石。我们党之所以能取得一个又一个胜利，靠的就是坚持马克思主义的根本立场，一切依靠群众，一切为了群众。习近平总书记强调，要坚持以人民为中心，坚持立党为公、执政为民，践行全心全意为人民服务的根本宗旨，把人民对美好生活的向往作为奋斗目标，依靠人民创造历史伟业。我们今天学习运用《共产党宣言》，就是要不忘初心、牢记使命，始终把人民放在心中最高的位置，更好地增进人民的福祉，推动人的全面发展、社会的全面进步。

第三点，《共产党宣言》启示我们要自觉运用马克思主义的科学方法来解决问题。前面我们讲到《共产党宣言》通篇贯穿了辩证唯物主义、历史唯物主义的基本原理和科学方法，比如唯物史观、历史辩证法、阶级分析法、社会基本矛盾分析法等等，这些方法对于指导我国革命、建设、改革等实践发挥了重要作用。坚持和运用马克思主义，还有一个用科学态度对待马克思主义的问题。马克思、恩格斯在《共产党宣言》1872年德文版序言中强调，《共产党宣言》所阐述的一般原理是完全正确的，但是这些原理的实际运用，随时随地都要以当时的历史条件为转移，就是不能把它变成教条。

习近平总书记强调，我们要以科学的态度来对待科学，以真理的精神追求真理，不断赋予马克思主义以新的时代内涵。发展21世纪的马克思主义，发展当代中国马克思主义，续写马克思主义中国化新篇章，这些都是对《共产党宣言》所体现的马克思主义科学方法的自觉坚持和运用。

第四点，《共产党宣言》启示我们要坚持和加强党的全面领导，把党建设得更加坚强有力。《共产党宣言》系统阐述了马克思主义政党学说，为我们坚持和加强党的领导提供了科学指南。

习近平总书记强调，中国特色社会主义最本质的特征是中国共产党领导，中国特色社会主义制度的最大优势是中国共产党领导，必须毫不动摇地坚持和完善党的领导。这些重大政治判断与《共产党宣言》的基本精神是完全一致的。

第五点，《共产党宣言》启示我们要坚持改革开放，顺应经济全球化的潮流，推动构建人类命运共同体。早在一百七十多年前，在资本主义生产方式刚刚占据统治地位的时候，马克思、恩格斯就敏锐地观察到了未来经济全球化的发展趋势，深刻地洞察了人类历史由民族的、区域的历史向世界历史转变的潮流。今天世界多极化、经济全球化、社会信息化、文化多样化在深入发展，各国相互关联、相互依存的程度之深前所未有，充分印证了马克思、恩格斯在《共产党宣言》中所做的科学预见。

习近平总书记强调，今天，人类生活的关联前所未有，人类面临的全球性问题数量之多、规模之大、程度之深也是前所未有，各国人民的前途命运越来越紧密地联系在一起。因此，我们提出构建人类命运共同体的理念，就是要反对一切以邻为壑、零和博弈的僵化思维，反对一切帝国主义、霸权主义的强权逻辑，努力建设持久和平、普遍安全、共同繁荣、开放包容、清洁美丽的新世界。

基于李大钊《史观》解读 "探源工程二十载，实证文明五千年"

[背景]

1920年10月，李大钊在北大红楼开设"唯物史观研究"课程。也是在这一年，他发表了一篇经典文章——《史观》，明确提出"历史不怕重作，且必要重作"的观点。

那么怎样才能"重作"历史呢？《史观》发表一年后，在黄河岸边的河南省渑池县仰韶村，随着发掘工作的开始，中国现代考古学拉开了序幕。以仰韶遗址为起点，一百多年来，几代考古人用一系列重大考古发现，"展现了中华文明起源、发展脉络、灿烂成就和对世界文明的重大贡献"。

进入21世纪，国家重点科技攻关项目"中华文明探源工程"提出文明定义和认定进入文明社会的中国方案，为世界文明起源研究做出了原创性贡献，也实践了李大钊同志在《史观》中的希望，那就是"根据新史观、新史料，把旧历史一一改作，是现代史学者的责任"。

从李大钊1920年发表《史观》，到中华文明探源工程实施二十年，一路走来有哪些新认识？为何说从五千多年文明史的角度看中国，对真正理解中国的过去、现在、未来至关重要？我是谁？从哪里来？到哪里去？我们的文明是怎么过来的？本期《北大红楼读书会》，中华文明探源工程首席专家王巍结合李大钊名作《史观》，为你解读：探源工程二十载，实证文明五千年。

北大红楼第三十展厅

讲座时间：2022 年 9 月
主 讲 人：王巍（中华文明探源工程首席专家，中国社会科学院历史学部主任，中国考古学会理事长，中国社会科学院学部委员）

扫描下方二维码
收听讲座音频

  各位青年，今天能有这样一个机会在北大红楼跟大家交流，我感到很激动。一百零二年前，李大钊同志曾在这儿跟学生们讲授唯物史观，鲁迅等名人也在这儿，尤其是红楼的三、四层，当时北大的国学门在这里设立了考古学会。能在这样一个有深厚历史积淀的地方跟大家交流，我确实觉得跟在其他地方讲课有很不同的感受。

  2022 年 5 月 27 日，我在中央政治局讲中华文明探源之后，有很多媒体都更加关注对中华文明探源工程研究成果的宣传。有一档节目,央视主持人撒贝宁就问:"王主任,上下五千年,我们耳熟能详,你们探源实证五千年,跟这个有什么区别呢?"我估计在座的各位可能也会有这样的疑问。之前上下五千年是一种"号称",比如说从黄帝、炎帝开始算起,然后五帝的时代,大约是那么千把年,因为这文化文脉没有断,所以就是这样来号称。这

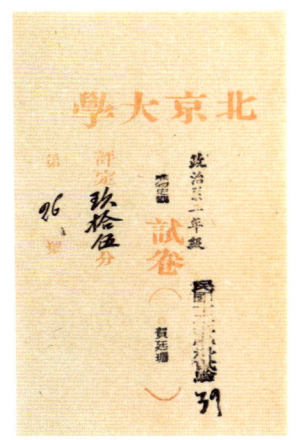
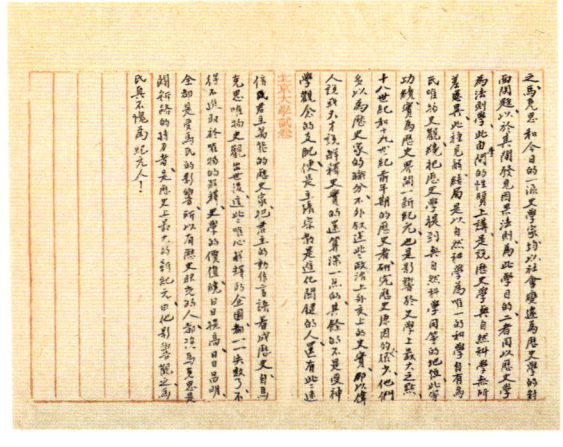
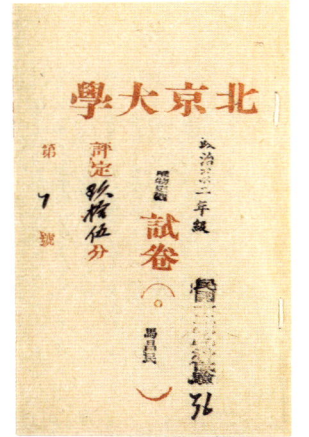

李大钊批阅的北京大学学生马昌民、贺廷珊的《唯物史观》试卷

种号称是一种情况，但我们要通过科学实证来证明完全是另一种情况。

1987年至1990年我曾在日本留学，当时学习东亚古代文化交流，但是我看到在日本出版的日文的世界文明的书，说到埃及文明、两河流域文明是五千年，印度河文明四千五百年，中华文明三千三百年，就是从殷墟开始算起。当时我觉得非常震惊，我们都知道"禹传子，家天下"，从夏王朝开始中华文明怎么也得四千年，没想到他们都认为夏王朝只是传说，至于前面的五帝时代，那更是神话。

这个时候我才知道，我们认为的中华文明从夏王朝开始，在学界、在国际上并没有得到认可，这给我一个很大的刺激。我们作为中国人，我们的文明究竟有多么久远的历史，当然我们不是说一定要把我们的文明说成世界最早，但是总应该知道它到底是怎么起源、形成、发展的，甚至比如说我们文明往前能够追溯到什么时间，这个对中国人来说都是应该了解的。比如说哲学基本问题，我是谁？从哪里来？到哪里去？我们的文明是怎么过来的？这是一个非常重大的问题。在我们考古有三大课题，一个是人类起源，一个是农业起源，一个是文明起源。

在我们这样一个文明古国，世界也公认是延绵至今，但是究竟有多么久远的历史，怎么样一步一步地发展过来，确实是一个太重大的问题。关于这个问题的文献就是《史记·五帝本纪》和《史记·夏本纪》，只有靠考古的材料。这就是我那个时候开始下决心要做中华文明起源研究的动力，从2002年至今正好做了二十年。

给中央政治局做的报告，应该说是代表我们从事中华文明探源研究的四百个学者向政治局汇报。另外，党的十八大以来，习近平总书记关于考古文化遗产保护传承做了一百四十四次批示。总书记对考古的这种关注，对考古所揭示的文明的内涵的重视，让我有很深的印象。我就在这里与大家分享一下这些内容。

首先是中华文明探源工程，我前面讲了我为什么在做探源。1996年我拿到第二个博士学位之后，回到我们研究所担任夏商周考古研究室的主任。正好那年开始的夏商周断代工程，我是全程参加了这个工程，做了五年结束了，然后我们都希望科技部能够接着来做。

科技部觉得研究年代你总能够拿出一个年表，那么研究文明起源得怎么支持？能研究什么？能结项吗？诸如此类有很大的疑问。我针对这个，在《光明日报》发表一篇文章，对开展文明起源研究的总体思路和课题设置提出了建议。比如研究什么？研究年代、环境、农业、手工业的技术，研究资源的来源，研究信仰，研究社会分化，等等，可以用很多很多的自然归属，包括人群的迁徙等。科技部一看，觉得是有可能拿出来成果的，后来就决定支持。科技部也比较谨慎，让2002年、2003年做两年预备性研究，两年后一看还真能取得一些成果，所以就决定支持了，在2004年正式启动。

我在这里归纳了一下，我们的中华文明探源工程有"几多"。一个是参与学科多，大家能够想到的所有的大的自然科学的学科，物理、化学、天文、生物、地质等这些学科，因为我们是研究过去人们的生活方方面面，所以说这些大的学科都不同程度地参与了探源工程。还有参与人数多，直接参与的有四百多位。以考古学为主为基础，多学科联合攻关，这是我们的一个基本的宗旨。

然后具体怎么研究？首先年代范围，距今五千五百到三千五百年这两千年，相当于什么？距今三千五百年相当于夏王朝之后，进入商代早期这个年代的；距今五千五百年，一般认为它是跟黄帝、炎帝集团兴起的时间大体吻合，就是研究黄帝、炎帝五帝的时代一直到夏和早商。

然后区域范围，黄河上中下游、长江上中下游、辽河流域，大致是这些区域。为什么选择这些区域？这些区域相对来说考古工作做得比较充分，它的年代的序列比较了解，比如说周围的地区虽然也有考古发现，但是它本身的考古的这种年代或者它的文化还有很多断层、很多空白，我们要研究一个文明起源形成发展的过程，考古资料还不具备，所以我们就选择了这些区域。

我们中华文明探源工程研究什么问题？在这里我列举了，首先核实，是三千三百年，是四千年，还是更久远，五千年文明究竟是不是历史的真实？这是一个问题。还有经历了怎样的发展过程，以及为何会经历这样的过程？这是一个大的问题。中华文明以黄河中游为中心的历史格局是何时形成的，如何形成的，以及是为何形成的？因为大家也会听说，比如说辽河流域的红山文明，说红山文化，然后长江下游的良渚文化都是曾经盛极一时，但是为什么最后形成了以中原地区为中心的格局？这也是个大问题。或者换句话说，中国是怎么样形成的？但是跟两个问题相关，那就是判断文明进入文明社会形成的标志，这个标志有没有放之四海而皆准的标志？还有中华文明自身有什么特点？为什么会形成这些特点？大致是要研究这些问题。

首先就是关于文明的概念和文明形成的标志。什么是文明？每个人都会有自己的理解，比如这个人的举止是否文明，农业文明，等等，有各种各样的说法。但是我们在这里讲的文明是这样概括的，就是文明是人类文化和社会发展的高级阶段。什么概念？不是有了人，就有了文明。有了人再经过了一定的发展形成文化。文明是文化和社会发展的高级阶段，高级阶段的标志是在生产发展的基础上，物质文化、精神文化有了较大的进步，社会出现了分工和分化。社会分工分化是一个重要的前提。如果社会是一个平等的社会，虽然也会有一些发明创造，但是它跟文明社会是有区别的。所以我们说判断进入文明社会的标志是国家的产生，这个就是我们关于文明的概念。

文明起源是什么意思？就是说史前时期农业手工业发展，物质生活和精神丰富，重要的是开始出现了分工和分化，脑力劳动、体力劳动的分工。有一些人脱离劳动，从事管理。然后贵贱贫富的分化，社会不是平等的，开始有一些人掌握比较多的财富，有了比较尊贵的地位。我们说当社会分化出现的时候，开始文明起源向文明社会迈进的进程。

什么是文明形成？生产进一步发展，物质生活经济方面进一步丰富，然后重要的是出现阶级矛盾，出现王权和国家。我们为什么要讲这个？因为在社会上，有的学者提出中华文明不止五千年，有八千年。为此他们举了一些例子，比如说八千年前八米长的独木舟，八千年前河南舞阳贾湖遗址出土用鹤的骨头做的骨笛，七孔都可以演奏，龟甲刻画的符号竟然跟商的甲骨文有接近的地方。他们说，这不是文明，什么是文明？这个在社会里也造成一些影响。

当然，从朴素的情感来说，如果我们中华文明比五千年更早，早到八千年，那就有可能是世界上最早的文明了，这个心情都可以理解，但是我们说关于文明的界定，你要是这个社会是个基本平等的时候，没有出现阶级王权和国家，它就跟文明社会连不上。所以我们说文明起源到文明形成是文明因素从量的积累到质的变化，质变点就是王权和国家的形成。

　　我领衔中华文明探源工程，当时有一个"紧箍咒"，这就是所谓的"文明三要素"。20世纪50年代到七八十年代，流行的就是判断进入文明社会的标准，冶金术（铜的制作和使用）、文字的出现、城市这三要素。正是基于这个三要素，才把中华文明定在距今三千三百年，因为殷墟符合这三要素。前边郑州商城，巨大的城址，但是没有发现文字。我们认为夏代后期的都城也是有青铜冶金技术，城市都有了，但是没有文字的确切的发现。如果依据这三要素，我们必须找到更早的文字，才能够证明我们的文明，但是文字不容易找。因为比如商代晚期的甲骨文，文字它是刻在骨头上就保留下来，要是写在木片、竹简上，或者写在丝织品上，那就保存不下来。

　　当时我一想起来这三要素就头疼，但是不能回避。后来我们就设立一个课题，看看这三要素是怎么产生的。我们发现它是从埃及文明和两河流域文明概括出来的，这是符合的。但是我们放眼世界其他文明，比如中美洲的玛雅文明，大家知道它的天文历法非常厉害。我2015年带队去发掘它的首都，发现它并没有冶金术，但是文明发展程度也很高。南美洲的印加文明，号称印加帝国，它并没有文字，但是国际上没有人否认。包括印度河文明，它那个印章上的图案并没有被广泛认可为文字，也不妨碍国际上认可它作为文明。所以可见所谓的三要素并不像我们原来想的是不可或缺的。我就有了信心，我们根据中国的实际的材料来先好好地研究。

在我们工程实施之前，比如说辽西的红山、长江下游的良渚，包括中原的陶寺都有高等级的墓葬的发现，有社会分化。但是仅有这个，你要去证明它是进入文明是有困难的，所以我们就把主要的工作重点定在寻找这几个大型遗址的都城。因为有了明显的社会分化，我们相信在当时的人的墓葬中反映的社会分化肯定在当时人们的生活当中也会有，就找大型的城址、高等级的建筑，结果功夫不负有心人。首先是陶寺发现了二百八十万平方米的大型城址，高等级的建筑面积八千平方米，然后2006年、2007年良渚发现古城，2011年石峁古城被发现。

根据这些情况，我们认为判断进入文明社会的标准逐渐地成形了。我们把它归纳成三点：一是生产发展，人口增加，出现城市；二是社会分工、社会分化不断加剧，出现阶级；三是权力不断强化，出现王权和国家。

我们认为国家的出现是进入文明社会最主要的标志，因为这个实际上是坚持了马克思主义的历史唯物主义的观点。恩格斯有一句名言叫作"国家是文明社会的概括"。什么意思？我们理解的"概括"就是国家的出现是进入文明社会最重要的特征。但是也有一个问题，在没有当时文字记载的情况下，你怎么知道是国家？怎么知道是王权？所以我们提出在考古遗存当中应该留下痕迹。

然后我们主要根据中国的材料，也兼顾世界其他的文明，提出有这些发现，可以认为它进入文明。第一是都城，规模大，有明显的分区，作为当时政治经济文化的中心。第二是王和王居住的宫殿或者是跟神沟通的神庙。第三是埋葬王和其他高级贵族的墓葬，规模大，随葬品丰富。那什么是宫殿？规模巨大，制作精致。第四是彰显权贵阶级尊贵身份的标志，礼器和礼制。各地彰显等级身份的东西是不一样的，但是总会有这样一套东西。比如埃及早期文明是金字塔、木乃伊，我们这边是青铜器，有的地方是玉器，等等。第五是暴力和战争成为社会常态，怎么来判断暴力和战争？一个是武器大量随葬，一个是有宽大的壕沟到后来有高大的城墙这种防御设施；暴力的就是人，一部分人为另一部分人殉葬，修建宫殿，用人奠基，等等。所以我们说在考古上能够辨识出这些内容，就可以认定进入了文明社会。

那么，我们文明起源形成经历了怎样的过程？我概括了一下，万年奠基，栽培农业出现，定居村落的形成，在中国南方长江中下游万年左右出现了栽培稻，然后北方华北地区出现栽培的粟和黍。经过了两千年的发展，农业初步发展，精神生活丰富，社会开始出现分化的端倪。所以我们说文明起源八千年起步，六千年加速，又经过了两千年，距今八千年至六千年在世界范围内叫大暖期。

总体来说，那时长江流域的气候相当于华南，黄河流域的气候相当于现在的长江流域。农业显著地发展，人口显著地增加，然后社会分化加剧，出现了上百万平方米的遗址。

五千多年前形成了阶级，出现了初期的国家。四千三百年前中原崛起，相当于尧舜禹这个时期，所以形成了中原引领格局。四千年前王朝建立，夏王朝在中原地区建立。然后经过了商，到三千年前西周的时候，通过分邦建国把自己的至亲分配到广阔的区域当诸侯，这样周王朝实现了直接对这一区域的控制。两千两百年前就是以秦始皇统一中国为标志，进入了一个新的文明的阶段，就是大致这样一个过程。

刚才讲了我们文明起源形成发展的简单的历程，讲了距今八千年至六千年，农业快速地发展，人口显著地增加，到距今六千年左右的时候开始出现了一些社会分化加速的迹象。首先就是大型的上百万平方米的遗址出现。我们举河南最西边的灵宝铸鼎原遗址群为例。为什么叫铸鼎原，传说黄帝曾在这儿铸鼎。当然这是传说，但是确实在这个地区出现了前所未有的现象，就是上百万平方米的大型的遗址出现——北阳平遗址等，形成了区域的中心，所以我们对西坡遗址进行了发掘。发掘结果是，东西两侧是深沟，南北是宽十几米的壕沟，显然是防御设施很森严。然后在遗址的中部，在圆形中心的周围有几个大房子，有二百四五十平方米。地面、墙壁都经过烘烤，所以这显然跟周围的小型遗址是不一样的，等级高。其中有一座房子周围还有回廊，加上回廊有五百平方米。大家可以想象，五百平方米在现在看来也是豪宅，而且制作非常精致，还是在广场周围，所以我们认为这样制作精致、规模大的房子应该是权贵阶层住的地方。

我们说文明起源加速，到距今五千年左右或者五千三百年左右，社会相继进入初级文明社会。我们首先举个例子是河南郑州巩义双槐树遗址，一百一十七万平方米的大型房址，大型的中心聚落，包含三层围壕的围沟。这围沟中间宽度二十五米，深十米，显然防御色彩浓厚，进入这里只有一两个通道，军事防御色彩更浓厚了。此外，格局变了。在前一阶段，在河南西部中心一个广场周围有高等级的建筑，在内壕围绕着的区域，高等级的建筑都集中在北半部。

这个区域不同时期的房址，前后三进院落，还有通道，每一个建筑前边两排圆点是廊柱，说明是有回廊的。前后几进院落，中间有一条轴线，这个格局发展到最后，那就是明清的北京城的故宫，我没想到五千三百年前竟然已经有这样的雏形了。

与此同时我们再放眼全国，首先是西辽河流域，内蒙古东南部和辽宁西部，发现了牛河梁遗址群，这个是20世纪80年代发现的，后来持续在做工作。四十多个山头上用石头堆砌的圆形的祭坛和方形的积石冢，其中在相对比较高的一座山，位于正中的有四万平方米，现在面积达七万平方米的大型祭祀遗址群，用石头堆砌的三重圆坛的祭坛和长方形的墓葬。

三重圆坛让我们联想起北京天坛的祭天天坛。三重圆坛，为什么是三重？因为当时的人们的观念当中，天有三重，而圆形是因为天圆地方。没想到距今五千三百年至五千五百年，竟然有这样的结构。当然我们不能直接说它就是天坛，但是确实跟后边的天坛结构是一样的，而且它不是墓葬，显然是跟祭祀有关。

我们再看同时期，距今五千年左右。2021年最新发现，在山东滕州岗上遗址，小型墓葬很多，但是大型墓葬的规模比一般的要大很多。同时期小墓仅仅随葬三五件，但是这个墓葬周围有数十件甚至上百件的随葬品，可以看出这个社会分化达到相当的程度。它们不但制作得非常精致，而且可以看出同一类器物还有成列的现象，显然是有意识地制作了这种成排成列的同类器物。后来发展到商周时期，那就是表明等级身份的，比如说周代天子九鼎八簋，诸侯七鼎六簋，卿五鼎四簋。没想到用同一类器物来排列的这种习俗可以追溯到史前时期，五千年前。

再看长江中游的湖南澧县鸡叫城遗址，七千年前是个小型的遗址，随着距今六千年至五千五百年规模越来越大，最终成为四十万平方米的一个大型的遗址，有三重环壕围绕。其中一座高等级的建筑，面积四百二十平方米，加上周围的回廊是六百三十平方米，是超大型的建筑，这是前所未有的，目前也仍然是单体面积最大的建筑遗址。由于修建在沼泽的低湿地，地上先铺一个木梁，木梁上边立柱子，上面再支撑房顶。这样的格局显然跟聚落里边其他的小型房子等级远远不一样，所以我们认为这应该是高等级的人居住的场所，所谓的宫殿。

再看长江下游史前文明的高峰——良渚文明，良渚遗址在浙江杭州的余杭。良渚文化分布范围在长三角地区，江苏南部、浙江北部和上海。20世纪80年代我们就发现了高等级的墓葬，但是一直没有发现大型的遗址，我们进入探源工程就一定要找到底有没有高等级的建筑，有没有城址。

结果功夫不负有心人，2006年发现了大型的城址，什么概念？南北一千九百米，东西一千七百米，面积约三百万平方米，相当于四个故宫。这还只是内城，外城在2015年发现了。外城六百三十万平方米，相当于八个故宫。城墙的宽度，我们一般认为三米、五米，但因为这个城北边就是丘陵，为了防止山洪对城的侵蚀，城墙的墙基宽度有四十米到六十米，工程量非常的巨大。建造城墙的材料都是通过城外护城河船运进来。

水坝分高坝、低坝，来抵御不同高程的洪水，可以保证城的安全。水坝是芦苇将泥土包裹后堆筑起来，叫作草裹泥。原来都以为是春秋战国时期的城墙，但通过对草裹泥进行测年，有五千零七十年，所以非常确凿地证明了堤坝修建的年代，这也是我们精确测年的一个重要的结果。

高等级的人在哪？在城内，也是一个高台，高十几米，六百五十米乘以四百五十米左右，高台也是由从周围运来的黄土堆筑的。低等级的人，也就是一般的人居住的场所，我们在一座小山发掘出了茅山遗址，居住和墓葬都在稍微高一点的地方，再利用原来的湿地、河道开垦成水田。关于生产工具，那时候已经普遍使用了石犁。还发现了牛的脚印，显然已经有了牛耕，这是它发达的稻作农业的一个反映。作为证据之一，就是在那些高等级建筑的南边，发现大量的炭化稻米的堆积，总重量大约是二十万公斤。显然这不是遗址周围能够生产，是很广阔的区域的人要向这里贡纳。所以我们说应该形成了一个管理的网络，王权可以调动广阔周围的资源。

良渚这样一个分布范围内有一个统一的信仰，信仰的核心就是神徽。下图是一个戴着面具、羽毛冠的人骑在兽上，两手驾驭着兽。兽有大大的眼睛、鼻子、嘴，两个前爪匍匐着。这个图像在良渚文化分布区广泛分布，在高等级的墓葬当中的玉器上都广泛出现，所以我们认为它应该是当时一个统一的精神信仰的象征。

高等级的墓葬很有意思，都是先修一个祭坛，方形的长二十米左右，使用一段时间之后，高等级的人的墓葬埋进去成为墓

良渚神徽

地。23号墓有数以百计的玉器随葬，包括圆形的玉璧和方形的玉琮。玉璧和玉琮是良渚文化代表性的玉器，还有表明军事权力的玉钺，上面都有神徽的图案。《周礼》记载"以苍璧礼天，以黄琮礼地"，圆圆的璧是祭天的，方方的琮是祭地的，天圆地方。所以很多良渚的因素也被后来夏商王朝所吸收。其他的比如说女性墓葬，没有玉琮、玉璧、玉钺，但是随葬其他的东西如装饰品也都有这种神徽的图案，所以显然神徽是当时一个统一的精神信仰的标志。

根据前面讲的这些是距今五千多年进入文明社会的一些考古证据。农业发展、人口增加、出现城市尤其是都城，社会分工分化形成了阶级，然后权力不断强化，军事权力、祭神的权力，形成了王权和国家。良渚是一个非常典型的都城，宫殿、王墓、礼器、战争和暴力形成了一个非常完整的证据链。所以习近平总书记讲，良渚是实证中华五千年文明的圣地。

前面讲了，我们研究文明探源，其中一个是起源、形成、发展，一个是统一多民族国家多元一体的格局是怎么形成的。距今五千五百年左右各地区的文明交流开始日益密切，本地区社会权力出现分化，同时相互之间交流密切。我们举这几个例子来证明形成了早期中华文化圈。

比如说龙的形象向周围的扩展。龙的形象现在看来六千五百年至六千年前在黄河中原地区出现，五千五百年至五千三百年前的时候，北到辽西的红山，南到长江下游普遍出现了龙的信仰。证据是，在一些大墓当中普遍出现了C形龙的形象，比如安徽含山凌家滩、湖北天门石家河、辽西等地。不仅是这个，还有姿势相似的玉龟出现在凌家滩、红山等地。这样的相似性恐怕很难完全以偶然解释，所以我们说在这个时期，在长江中下游、黄河中下游到辽河流域，社会上层形成了一个交流文化圈，说明早期中华文化圈已经初步形成。

到距今四千三百年的时候，良渚衰落，几乎同时中原崛起，以山西襄汾陶寺遗址为代表。在这个地区，分布在黄河中游的遗址当中可以看到很多周围先进的文化因素，比如说黄河下游的陶制的礼器、木制棺椁的制度，长江下游的玉琮、玉璧，长江中游的玉饰，河套地区的陶器，等等，都在中原地区汇聚。所以我们认为，根据陶寺遗址的时间、空间规模、性质，在这个时期应该是尧的都城。大家都知道尧广泛结盟，这个时期确实可以看到尧的都城和周围发生了密切的关系。

夏代后期形成了对周围的辐射。举个例子，二里头的玉璋在中原地区有很多，也出现在福建、香港、四川（三星堆、金沙），最令人意外的就是在越南北部竟然出现了。三星堆的玉璋形状还带有明显的仿造特点。所以我们说中原发明的礼器向周围强烈地辐射。而且在夏代后期，不是武器，不是工具，也不是生产用具，而是表明当时价值观或者跟宗教祭祀有关的东西，向周围强烈地辐射。

又比如夏代后期的人特别喜欢绿松石。绿松石镶嵌的青铜的牌饰，在（甘肃）天水、在（四川）广汉三星堆出土的虎的形象也镶嵌很多绿松石。最近在郑州商城的商代前期墓葬当中出现的金片也镶嵌了绿松石，可见夏王朝的这个文化直接被商王朝所继承。

关于中华文明的特质，有三大特质，一是多元一体，各地都有自己文明起源的过程，但是互相学习借鉴。二是开放包容，兼收并蓄。我们将西亚方面传来的小麦、黄牛、绵羊、冶金技术吸收之后快速形成自己的内容。比如说冶金技术在西亚、中亚、中国的西北都只制作青铜的武器和工具,但是传到中原,在夏代后期发明了青铜容器的制作,到商和周,发展成了可以说是在世界上首屈一指的辉煌的青铜文明。三是延绵不断,自成体系。

除了这三大特质,还有更多的可以概括出来。比如我们有土生土长的自成体系,我们的汇聚辐射,我们信仰当中以祖先崇拜为主要内容,都是中国中华文明的特点。我们知道埃及信仰太阳神,中国虽然也有对山川、对自然的崇拜,但始终是以祖先崇拜为中心。大家可以想象,三星堆纵目,为什么是纵目?它是初代的蜀王在最高的祭祀的位置。为什么会形成这些特质?为什么延绵不断?很多特质形成的原因都是值得深入研究的。

探源工程二十年,在这里概括一下我们的成果。首先是发现了一系列的都邑性遗址——良渚、陶寺、石峁、二里头,揭示了中华文明起源形成发展的过程和阶段性,实证了中华五千年文明,我觉得这是我们最大的成果。还有就是揭示了各地区的文明化进程,从平等的社会到阶级的社会、贫富贵贱的分化,在这个过程的基础上研究了它们之间的联系,建立起以中原地区为中心的多元一体格局的形成过程。

前面讲了四千三百年前的汇聚和夏代后期的辐射,然后对文明演进的环境背景兴衰、内在机制做了研究。我们对各地区环境怎么促使了农业的发展,有些地方怎么导致农业的衰落,都有了比较系统的认识。还有就是通过考古遗存辨识文明形成标志的中国方案,这也是我们的一个重要的成果。当然还有多学科结合、机制、人才培养等等。

总书记指出,中华文明探源工程成绩显著,但仍然任重道远,必须继续推进。另外讲到探源工程对中华文明的起源、形成、发展的历史脉络，对中华文明多元一体格局的形成和发展过程，对中华文明特点及其形成原因都有了较为清晰的认识，同时成果还是初步的阶段性的，还有许多历史之谜等待破解，还有许多重大问题需要通过实证和研究达成共识。

总书记对我们的探源工程给予充分的肯定，让我们非常欣喜，但是我们确实也意识到，还有很多需要研究的问题。一个就是拓展研究的时空范围，从距今五千五百年至三千五百年拓展到距今八千年至两千八百年，以迄今八千年社会开始出现分化为起点来研究。再一个就是下限，从原来的三千五百年前商代早期延到西周晚期，因为到西周晚期的时候，一些礼制就更加成熟了。空间范围，我们建议，在仍然以两河流域——黄河、长江为主的同时，把东北、西北、东南、西南都吸收进来，进一步研究这些区域融入以中原为中心的格局的过程。

此外，加强人文科学的研究和参与。总书记对中华文明研究提出很多非常具体的重大的任务，这些重大的任务只靠考古和自然科学是不可能的，所以历史学、人类学、社会学、政治学、经济学等需要全面参加。另外，还有我们要开展与其他国家文明的比较的研究，以及向社会公众的成果的传播，这也是我们要面临的任务。

探源工作做了二十年。作为亲历者，我有很多的感受，首先一个感受就是我们国家能够支持持续做这样一个项目是非常关键的。我们的各级领导的重视，尤其总书记从2020年"9·28"的讲话，讲到考古学延伸了历史轴线，增强了历史信度，丰富了历史内涵，活化了历史场景。我认为这四句概括得特别好，我们每一个人都有责任了解我们的文明。

　　总书记这样讲,加深了我们对中华文明的认识和认同,也给我们提出了很高的要求和明确的方向。我觉得作为中国的考古人,应该有更多的责任感和使命感,让我们一起努力,使我们的中华文明能够继续发扬光大,为增强我们的文明自信、文化自信,为民族复兴做出我们的贡献。